La Pelote

PIÈCE EN TROIS ACTES, EN PROSE

ŒUVRES DE PAUL BONNETAIN

Le Tour du Monde d'un Troupier (épuisé).
Une Femme a Bord (épuisé).
Charlot s'amuse.
Autour de la Caserne.
Au Tonkin.
L'Opium.
Le nommé Perreux.
Amours nomades.
Passagère, roman, chez Alph. Lemerre (sous presse).

VOLUMES ILLUSTRÉS

L'Extrême-Orient.
Histoire d'un Paquebot.

THÉATRE

Après le Divorce, chez Alph. Lemerre (sous presse).

ŒUVRES DE LUCIEN DESCAVES

Le Calvaire d'Héloïse Pajadou (épuisé).
Une vieille Rate (épuisé).
La Teigne.
Les Misères du Sabre.
Sous-Offs.

P. BONNETAIN & L. DESCAVES

La Pelote

PIÈCE EN TROIS ACTES, EN PROSE

Représentée pour la première fois au Théâtre-Libre, le vendredi 23 mars 1888.

PARIS
ALPHONSE LEMERRE, ÉDITEUR
23-31, PASSAGE CHOISEUL, 23-31

M DCCC LXXXIX

P. BONNETAIN & L. DESCAVES

La Pelote

PIÈCE EN TROIS ACTES, EN PROSE

Représentée pour la première fois au Théâtre-Libre,
le vendredi 23 mars 1888

PARIS
ALPHONSE LEMERRE, ÉDITEUR
23-31, PASSAGE CHOISEUL, 23-31

M DCCC LXXXIX

PERSONNAGES

LORMEAU.	MM.	Antoine
ELISÉE ROCK, beau-frère d'Élodie . .		Cernay
THÉODULE, neveu d'Élodie		Chamoisel
Un Garçon patissier		Frédérickx
ÉLODIE FIQUET.	Mmes	L. Dorsy
MARTHE FIQUET, nièce d'Élodie. .		Luce Colas
LA MÈRE FIQUET		Barny
SUZANNE, nièce de Lormeau.		Nancy Vernet
MADAME CLEMENT.		France
JEANNE		La petite Walter

A Paris, quartier de l'Observatoire, en 1888

La Pelote

ACTE PREMIER

Salle à manger de « bourgeois riche. » Vieux chêne. Faïences aux murs. Plantes vertes dans une jardinière. — A gauche, portes de la chambre de Lormeau et de la chambre d'Élodie. — A droite, deux portes donnant, l'une, sur l'antichambre; l'autre, sur le salon. — Dans le fond, porte ouvrant sur l'office. On aperçoit par là une table couverte de vaisselle, de cristaux, de provisions de ménage, et le seuil de l'escalier de service. — Sur la table, au milieu de la scène, un déjeuner (chocolat) est servi. Un seul couvert.

SCÈNE PREMIÈRE

ÉLODIE, *puis* MADAME CLEMENT.

ÉLODIE, *se levant d'un fauteuil où demeure un oreiller marquant qu'elle a passé la nuit à cette place.*

J'en ai les jambes roides, je suis brisée !... (*Elle s'étire, puis se recroqueville.*) Et je gèle!... (*Elle éteint la lampe, va au poêle, attise le feu, puis remonte vers la fenêtre dont elle écarte les rideaux; le jour luit.*) Le Luxembourg n'est pas encore ouvert... (*Prêtant l'oreille.*) On marche dans l'escalier?... (*Elle fait le mouvement d'écouter à la porte de droite.*) Non, ce n'est pas lui, c'est le locataire du troisième!... L'autre, il ne rentre pas!... (*Mme Clément paraît à la porte du fond.*) Eh bien! madame Clément, avez-vous trouvé mon beau-frère?

MADAME CLÉMENT, *descendant.*

Oui, mam'zelle Élodie..., même qu'il dormait encore!

ÉLODIE.

Qu'est-ce qu'il a dit?

MADAME CLÉMENT.

Oh! rien, vous savez! Il a fait: « Diable! » et puis, sauf votre respect, il s'est levé devant moi... Je crois bien qu'il ne doit pas être loin...

ÉLODIE.

C'est bien... Merci, madame Clément.

MADAME CLÉMENT, *elle va pour sortir et se retourne près de la porte.*

C'est drôle tout de même, dites, mam'zelle Élodie, que monsieur Lormeau ne soit pas rentré?...

ÉLODIE.

Oui! (*Montrant l'oreiller.*) J'ai passé une de ces nuits!...

MADAME CLÉMENT.

C'est quasiment, savez-vous, la première fois depuis vingt ans que vous êtes à son service?

ÉLODIE.

Peut-être lui est-il arrivé un accident.

MADAME CLÉMENT.

Sans doute!... Un homme si rangé..., qui ne sort jamais!... (*Se retournant et ouvrant la porte de l'escalier de service.*) Voilà m'sieu Élisée, mam'zelle Élodie! (*Elle sort devant Élisée et referme.*)

ÉLODIE, *venant à l'avant-scène.*

Toi, ma fille, tu me le paieras!... Hier, j'étais « madame » gros comme le bras! mais aujourd'hui, Monsieur n'est pas rentré..., alors, je ne suis plus que mademoiselle Elodie! Attends!...

SCÈNE II

ELODIE, ÉLISÉE.

ÉLISÉE. *Il tient sous le bras une serviette de clerc d'huissier et s'arrête sur le seuil de l'office.*

Après qui en as-tu? Après cette femme?... (*S'avançant.*) C'est vrai, ce qu'elle m'a dit? Lormeau a découché?

ÉLODIE.

Il n'est pas rentré.

ÉLISÉE.

Heu! Je ne saisis pas bien la nuance...

ÉLODIE.

Tant pis!... d'ailleurs, je ne t'ai pas appelé pour ça : mon petit, j'ai besoin d'un conseil... Que dois-je faire?

ÉLISÉE, *s'asseyant dans le fauteuil.*

Mais... ça dépend! Si tu me fournissais quelques indications...

ÉLODIE.

Lesquelles? Est-ce que je sais, moi...

ÉLISÉE.

Voyons, il faut raisonner et commencer par le commencement... Il ne t'a pas dit, hier soir, en sortant, où il allait?

ÉLODIE.

Non..., un ami rencontré à la Bourse et qu'il devait, je crois, retrouver dans un café.

ÉLISÉE.

Hum!... Et... il s'absente ainsi souvent, le soir?

ÉLODIE.

Dame!...

ÉLISÉE, *se levant.*

Ah! si tu as des secrets, je renonce, tu comprends!

ÉLODIE.

Eh bien, oui!... Depuis quelques mois... souvent! mais c'est la première fois qu'il ne rentre pas coucher...

ÉLISÉE.

Et sans dire où il va?

ÉLODIE.

Oh ! il ment encore ! nous n'en sommes pas là !... mais ce sont des mensonges maladroits. Il n'en a pas l'habitude avec moi... Des excuses vagues : le cercle..., des amis que je ne connais pas... Ah ! je vois bien qu'il s'ennuie ici maintenant !

ÉLISÉE.

Il serait puéril de le nier. (*Il la regarde attentivement.*)

ÉLODIE.

Tu dis?... Qu'est-ce que tu as à me regarder?

ÉLISÉE.

Moi? Rien... Je disais que je suis de ton avis : ton maître s'ennuie chez toi.

ÉLODIE.

Chez lui.

ÉLISÉE, *ironique.*

Chez lui... ou chez toi...

ÉLODIE.

T'expliqueras-tu enfin ?

ÉLISÉE, *goguenard, les yeux sur elle.*

As-tu quelquefois entendu parler des armes de la femme, Élodie? (*Elle le regarde sans comprendre.*) Eh bien, vois-tu, passé quarante ans, c'est le musée de Cluny de l'amour !

ÉLODIE.

Dis donc, joli-cœur, garde ton esprit : je ne sais pas

l'histoire, moi ! (*Se rapprochant.*) Sois donc malhonnête franchement, va ! Je suis trop vieille, pas vrai ?

ÉLISÉE, *remontant.*

Je n'ai pas dit ça. (*S'asseyant.*) Et tu aurais tort de prendre la mouche. Je veux te faire comprendre que si tu es une excellente gouvernante, une amie... d'ancienne date, un fameux pâté d'anguilles enfin, Lormeau, lui, se sent encore des dents, et... tu sais la chanson ? (*Fredonnant :*)

On ne peut pas toujours
Manger du pâté d'anguilles !

ÉLODIE.

Assez ! tu m'agaces !. .

ÉLISÉE.

Je t'éclaire !

ÉLODIE.

Tu m'éclaires ! Tu m'éclaires ! Et crois-tu donc que je ne m'aperçoive de rien, que la misère de ma vie ne me saute pas aux yeux... des matins comme celui-ci ?... J'aurais pu me marier, avoir une famille !... (*Elle s'assied accablée.*)

ÉLISÉE.

Mais il me semble...

ÉLODIE.

Allons donc ! Je parle d'une famille, d'une vraie, qui ne pense pas à moi seulement lorsqu'elle a faim, une famille pour laquelle je ne sois pas seulement une terre qui rapporte !... (*Se levant.*) Ne nie pas : le mot a été dit !

ÉLISÉE.

Bah ! un cancan...

ÉLODIE.

Non pas ! Je sais tout. Et toi-même, comme les parents, les neveux, les cousins, est-ce que tu t'es gêné pour dire que j'avais la peine seulement de me baisser ?... Oui, je n'aurai pas d'autre peine, jusqu'au jour où je ne pourrai plus me relever !... Alors on me poussera à la rue, à l'hôpital...

ÉLISÉE.

La fourrière des vieilles bonnes !

ÉLODIE.

Où personne ne viendra me réclamer !

ÉLISÉE, *haussant les épaules.*

L'ingratitude, c'est le fond de bouteille des meilleures familles !... Mais, que diable ! tu n'en es pas là !

ÉLODIE.

Je n'en suis pas là, parce que je ne le tolérerai pas. S'il faut lutter, nous lutterons ! Je n'aurai pas sacrifié vingt ans de mon existence, ma jeunesse, pour qu'on jette un mois de gages dans mon tablier de cuisine, en me congédiant. Et puis, je suis lasse, à la fin ! (*Assise.*) Sais-tu que j'ai commencé à travailler à l'âge de huit ans ?... Je gagnais six sous par jour à la filature ! J'ai droit au repos. Ma vue baisse, la maison devient trop lourde pour moi... Marthe remplacera avantageusement la couturière, la lingère et la femme de ménage que j'ai dû prendre...

ÉLISÉE, *stupéfait.*

Comment ! Marthe ?

ÉLODIE.

Eh oui, Marthe, ma petite nièce que mes parents ont recueillie...

ÉLISÉE, *éclairé tout à coup.*

Compris ! Eh bien, mais... nous sommes d'accord ! L'appel des réserves, la mobilisation de la famille !

ÉLODIE, *poursuivant.*

... Je la connais, la Marthe ! c'est jeune ! c'est courageux. Ça n'a pas été gâté !... moi, à son âge, tiens !

ÉLISÉE.

Oui... Le vieil arbre se retrouve dans les jeunes pousses !

ÉLODIE.

Il y a de l'étoffe, dans cette petite-là !...

ÉLISÉE.

Et tu en feras mieux qu'une doublure !

ÉLODIE.

Je sais bien, parbleu ! ce qu'on dira : que je me fais servir, que la bonne a ses domestiques... J'ai trop patienté, déjà !

ÉLISÉE, *s'asseyant.*

Évidemment ! Mais ce n'est pas pour me raconter cela que tu m'as envoyé chercher. Parlons peu et parlons bien. Est-ce que le patron est au courant de tes projets à l'égard de Marthe ?

ÉLODIE.

Non. J'ai écrit aux parents pour leur demander la petite pendant un mois, en vacances, histoire de l'acclimater.

ÉLISÉE.

Et il ne fera pas d'opposition quand tu voudras la garder?

ÉLODIE.

Il n'y a pas de danger! Il n'oserait pas, tu penses!... Et puis, tu ne le connais pas : c'est un brave homme qui s'entête facilement sur une idée. Ah! par exemple, il en change souvent, d'idées! Le dernier qui lui parle a raison!

ÉLISÉE.

Alors, pourquoi ne lui parles-tu pas toujours la dernière?

ÉLODIE, *se levant.*

Est-ce que je peux... S'il se met à ne pas rentrer!

ÉLISÉE.

Ah! oui! s'il découche! (*Il se lève.*) Mais, dis donc, ça vaut des compensations, ça! Et je m'aperçois que tu n'as guère besoin de conseils! Très bien joué, je te le répète, le coup de Marthe! Et tu te plains? Et tu m'appelles au secours? Laisse donc (*il lui prend les mains et les lui serre*) que je te complimente!... Ah! si mes affaires étaient en aussi bonne voie que les tiennes!

ÉLODIE.

Toujours donc?... Alors, c'est aussi raté, cette dernière entreprise qui devait t'enrichir : les vins de raisins secs?

ÉLISÉE.

Oui, il y avait encore trop de raisin!

ÉLODIE.

Et qu'est-ce que tu fais, maintenant?

ÉLISÉE.

Des affaires!... Je compte même sur toi pour m'appuyer auprès de Lormeau, au sujet d'une commandite.

ÉLODIE.

Tu choisis bien ton jour!

ÉLISÉE.

Parfaitement. Il nous accordera beaucoup, ayant beaucoup à se faire pardonner.

ÉLODIE.

C'est que je les connais, tes combinaisons! Celle d'aujourd'hui, pour laquelle tu rêves l'appui de Lormeau, ne doit pas valoir plus que les autres. C'est au moins la dixième depuis ta faillite, dont ma pauvre sœur est morte un peu... Et tu as trente-cinq ans!

ÉLISÉE.

Ah! ne nous reprochons rien, n'est-ce pas? Si on meurt de chagrin, madame Lormeau, quand elle te surprit dans sa chambre, il y a vingt ans, avec son mari...

ÉLODIE.

Des histoires de concierge! Elle s'en allait de la poitrine... Et quand cela serait? C'était sa femme! L'autre était ma sœur!

ÉLISÉE.

C'est une distinction! N'importe, tu as tort de remuer tout ça... La vie n'est pas clémente à tous, Élodie. Et pour ma part, si c'était à recommencer, peut-être bien que je prendrais l'escalier de service. C'est étroit, il n'y a pas de tapis, mais c'est plus court que l'autre, et ça va de la cave à la cuisine... en passant par la chambre à coucher! Toute la vie, quoi!

ÉLODIE.

Oui, mais il est dur et l'on s'essouffle...

ÉLISÉE.

Tais-toi donc!... On s'essouffle partout. Tu n'as donc jamais gravi vingt étages en une heure pour trouver une commandite... ou dénicher cent sous?... Au moins vingt ans de cette vie ont-ils fait de toi une gouvernante..., le troisième galon des serviteurs! moi, j'ai été cassé de tous mes grades.

ÉLODIE.

Et moi? Crois-tu donc que si Lormeau mourait, je ne serais pas chassée d'ici dans une heure?

ÉLISÉE.

Par qui?

ÉLODIE.

Par la veuve de son neveu, parbleu! Cette femme qui vient tous les jeudis pousser sa petite fille dans les bras du tonton... Tiens, c'est son jour aujourd'hui. Faudrait qu'elle arrive avant que l'autre soit rentré : tu verrais ça !... Ah ! elle me déteste, mais je le lui rends bien !

ÉLISÉE, *assis dans le fauteuil.*

Les femmes, vous avez des haines qui ne signifient rien.

ÉLODIE.

Comment, rien ? Enfin, qu'est-ce qu'elle a fait pour Lormeau, sa famille ? Son neveu ? Il le voyait à peine ! Sa nièce, une espèce, épousée par ce garçon à son lit de mort. Quant à savoir si l'enfant est du neveu ou d'un autre !... Mais Lormeau est aveugle et adore cette petite ! Il paie sa pension, son entretien !... Elle héritera !

ÉLISÉE, *levé.*

Est-ce qu'on sait !... Voyons, tu m'as dit, l'autre fois, qu'il n'y avait pas encore de testament ?

ÉLODIE.

Sans doute ! Mais qui me dit que demain ?...

ÉLISÉE.

Allons donc ! tout dépend de toi. Ah ! ma fille, si tu m'écoutais, ce que je miserais dans ton jeu !... Tu souris ? mettons que je n'ai rien dit !

SCÈNE III

LES MÊMES, MADAME CLEMENT.

MADAME CLÉMENT, *passant la tête, au fond.*

Mam'zelle Élodie!... Il monte!

ÉLODIE.

Qui ça?

MADAME CLÉMENT.

Monsieur! (*Elle disparaît.*)

ÉLODIE, *à Élisée.*

Entre là... dans ma chambre et attends-moi.

ÉLISÉE.

Il a beaucoup à se faire pardonner : n'oublie pas! (*Il sort à gauche.*)

SCÈNE IV

ÉLODIE, *rangeant le déjeuner sur la table avec affectation, et* LORMEAU.

LORMEAU, *apercevant Élodie, hésite un instant sur le seuil, puis prend son parti tout à coup et descend vers elle.*

Bonjour, Élodie!

ÉLODIE, *sèchement, en se retournant.*

Bonjour!... Vous avez bien dormi?

LORMEAU, *interloqué et retirant son pardessus qu'il jette sur une chaise.*

Mais, oui...

ÉLODIE.

Tant mieux!... moi, j'ai passé la nuit là, sur ce fauteuil. (*Elle montre le coussin.*)

LORMEAU.

Quelle folie!

ÉLODIE.

Vous trouvez?

LORMEAU.

Je ne suis pas un enfant, voyons!... Je me suis attardé chez un de mes amis dans un quartier assez éloigné... Alors, comme les rues ne sont pas sûres, la nuit, il m'a offert une chambre;... j'étais fatigué..., pas de voitures..., on attaque beaucoup..., j'ai accepté! Voilà. (*Il s'asseoit.*)

ÉLODIE, *allant de la table à la chaise où il a posé son pardessus.*

C'est bon de mentir, hein! (*Prenant et flairant le vêtement.*) Mais voilà qui ne ment pas! Ce paletot-là, c'est comme une parfumerie qui est entrée avec toi tout à l'heure... On n'en compte pas à une femme là-dessus!...

LORMEAU.

Tu sais, Elodie, que j'ai toujours été partisan d'une certaine liberté...

ÉLODIE.

Ah ! nous ne sommes pas mariés, certes..., et c'est heureux !

LORMEAU.

Tu vois bien...

ÉLODIE.

Seulement, nous ne sommes pas non plus ensemble depuis hier... Quand on a été... l'amie, il est dur de s'apercevoir qu'on n'est plus que la domestique..., une domestique qu'on peut jeter à la porte du jour au lendemain, avec un mois d'indemnité... (*Brusquement.*) Monsieur déjeune-t-il? (*Elle montre la tasse et le petit pain sur la table.*)

LORMEAU, *impatienté.*

Mon-sieur ne dé-jeu-ne pas !

ÉLODIE.

Je ne savais pas, moi, (*elle dessert la table*) que la chambre d'ami où Monsieur a couché fournissait aussi le chocolat!... Une autre fois...

LORMEAU, *courant à elle et lui prenant la main.*

As-tu fini? Tu viens de dire des choses... (*Se ravisant, radouci.*) Voyons, Élodie, est-ce que ma conduite vis-à-vis de toi autorise ces suppositions injurieuses?... Oui, je maintiens le mot : injurieuses !

ÉLODIE.

Il m'est permis de tout croire, de tout redouter... Tout a changé ici depuis six mois... Non, tu n'es plus le même. Ne nie pas! Autrefois, est-ce que tu sortais, le soir, comme à présent? Non! nous restions là, au coin du feu...

LORMEAU.

Mais j'espère bien...

ÉLODIE.

Ah! dis-le donc, va! Je suis trop vieille maintenant et trop laide! (*Elle s'essuie les yeux avec son tablier.*)

LORMEAU.

Voyons, Élodie! tu n'es pas raisonnable!... Il y a une sentimentalité...

ÉLODIE.

Tout m'est hostile dans cette maison! La concierge...

LORMEAU.

Je la changerai!

ÉLODIE.

A quoi bon! Une autre, ce serait pis. Et puis, croyez-vous que ce soit d'elle seulement que je veuille parler? Tenez, il y a des jours où je me sens poussée dehors! Soyez franc, allez! ma place est sans doute réservée...

LORMEAU.

Et à qui, grand Dieu! à qui?

ÉLODIE.

Comme si je ne voyais pas où elle veut en venir!

LORMEAU.

Mais qui, encore une fois? Qui?

ÉLODIE.

Cette nièce!...

LORMEAU.

Bon! autre gamme! Et à quoi, s'il te plaît, veut-elle en venir?

ÉLODIE.

A se faire épouser, parbleu!

LORMEAU.

Décidément, Élodie, tu déraisonnes!... Suzanne a vingt-cinq ans et j'en ai cinquante-cinq! Certains jours, je l'avoue, il m'est bien arrivé de faire un rêve : la vie en commun... entre vous deux. (*Élodie hausse les épaules.*) Mais j'ai réfléchi ensuite! Maintenant, que Suzanne m'amène sa fille et s'efforce de m'attacher à l'enfant, tu conviendras que c'est assez naturel! C'est la fille de mon neveu, de Raymond, après tout! (*Ricanement d'Élodie. Lormeau la regarde et continue.*) Et son père n'étant plus là... Pourquoi ris-tu?

ÉLODIE.

Pour rien!

LORMEAU.

Parce que Raymond a épousé sa maîtresse et que cette liaison m'a longtemps contrarié?... Mais ce mariage *in extremis* a enlevé bien du poids à mes reproches, d'autant plus qu'il y avait un enfant à reconnaître.

ÉLODIE.

Une situation à régulariser!

LORMEAU.

Eh bien! oui.

ÉLODIE.

Ah çà! vous ne l'avez donc jamais regardée, cette enfant? Elle ressemble à votre neveu, comme je ressemble au pape! Et, tenez, ça m'enrage de voir qu'on se moque de vous, qu'on vous fait prendre... (*On frappe à la porte de l'escalier de service. Élodie va pour ouvrir.*)

LORMEAU.

Qu'est-ce qu'elle veut dire?...

SCÈNE V

LES MÊMES, MADAME CLÉMENT.

MADAME CLÉMENT. *Elle a ouvert la porte et vient à la rencontre d'Élodie.*

Une lettre pour vous, mâme Élodie! (*Elle sort après avoir jeté un coup d'œil dans la salle à manger et examiné Lormeau.*)

SCÈNE VI

ÉLODIE, LORMEAU.

ÉLODIE, *tenant la lettre et remontant.*

Pour moi ! (*Elle décachette l'enveloppe.*) C'est de Marthe ! Je reconnais son écriture !

LORMEAU.

Ah ! c'est de votre nièce ? (*Élodie lit sa lettre sans répondre.*)

ÉLODIE.

Comment ! Jeudi matin? mais c'est ce matin !... Non ! c'est impossible ! Je ne suis pas chez moi ici ! Je vais télégraphier !

LORMEAU.

Qu'y a-t-il donc ?

ÉLODIE.

Rien..., rien..., c'est Marthe, ma petite nièce, qui arrive tantôt... Elle venait passer un mois à Paris, mais je ne puis pas la recevoir...

LORMEAU.

Pourquoi cela?

ÉLODIE.

Parce que..., parce que...

LORMEAU.

Allons, parle!

ÉLODIE.

Parce que cela déplairait peut-être, sinon à vous-même, du moins à votre nièce, et je dois m'incliner devant ses volontés... Est-ce que je suis quelqu'un ici, pour y recevoir ma famille?

LORMEAU.

Mais elle est folle, ma parole!

ÉLODIE.

Non! seulement, je vous connais bien... (*Avec force.*) Je te connais bien!... Tu es bon, mais tu es faible... Tu vas me dire de la faire venir, n'est-ce pas? et, demain, sous quelque influence, tu penseras que j'envahis ta maison, que j'appelle les miens à la rescousse, que la bonne a une bonne... et le reste...

LORMEAU.

Alors, je ne fais ni ne pense ce que je veux? On me monte la tête, n'est-ce pas?

ÉLODIE.

On ne vous parle pas franc comme moi; on prend quatre chemins, et, en fin de compte, c'est Élodie qui a tort. Non, non! je ne veux pas que demain vous me reprochiez quelque chose : je vais télégraphier à Marthe!

LORMEAU.

D'abord il n'est plus temps! Par quel train arrive-t-elle?

ÉLODIE.

A onze heures... Ça ne fait rien, je la mettrai à l'hôtel et elle repartira ce soir.

LORMEAU, *en colère.*

Ah! c'est trop fort! Appelle-moi tyran, tout de suite! Est-ce que je t'ai défendu de recevoir Marthe chez toi..., chez nous, et de la garder autant de temps que tu voudras?

ÉLODIE.

Non, mais..., maintenant que vous n'êtes plus le même... (*Mouvement d'impatience de Lormeau.*) Certainement, si vous étiez encore votre maître, je pourrais vous croire!

LORMEAU, *très en colère.*

Alors, c'est vrai, tu ne me crois plus? Tu as peur que je change d'idée demain? Ah! c'est trop fort!... moi qui n'ai jamais fait qu'à ma tête!... Enfin, qu'est-ce que tu veux?

ÉLODIE.

Essuyez donc votre redingote, là : il y a encore de la poudre de riz...

LORMEAU, *s'essuyant, comme s'il se battait.*

C'est bien... (*Il se radoucit.*) Je te demande ce que tu veux? Que j'aille la chercher, ta Marthe?

ÉLODIE.

Ma Marthe!... Pauvre fille, quand je vais lui dire de ne pas défaire sa malle...

LORMEAU.

Mais, encore un coup, pourquoi ?

ÉLODIE, *sans l'entendre.*

Elle qui est si contente de venir et de vous voir !... Oui, de vous voir ! Elle a tant de cœur et elle vous a trouvé si bon pour elle quand elle était gamine !... C'est vieux, ça ! Vous étiez alors... (*Mouvement de Lormeau.*) Voyez plutôt : (*Elle lit :*) « Ma chère tante... J'arriverai à Paris demain jeudi, par le train de onze heures. Je suis sûre que tu me pardonneras d'avoir retardé mon voyage quand tu sauras... Mais c'est une surprise que je te ménage !... »

LORMEAU.

Qu'est-ce qu'elle veut dire ?

ÉLODIE.

Si vous croyez que je le sais, ce qu'elle veut dire !... (*Lisant :*) « Les parents vont bien. Rappelle-moi au bon souvenir de monsieur Lormeau... »

LORMEAU, *s'asseyant.*

Comment, ta petite nièce se souvient encore de moi ?

ÉLODIE.

Tiens ! Je vous dis que dans toutes ses lettres il y a un mot pour vous. Elle vous aime bien, allez !

LORMEAU.

C'est que cela fait cinq ans que nous ne nous sommes vus ! Elle était bien enfant encore... Il me semble que je la vois avec sa natte dans le dos, ses gestes gauches de gamine qui « allonge, » comme on dit chez vous...

ÉLODIE.

Vous pensez bien qu'elle a changé, la Marthe ! Elle a forci d'abord : vous auriez de la peine à la reconnaître. C'est une belle fille, et qui écrit très gentiment... Voyez... (*Elle lui passe la lettre.*)

LORMEAU, *regardant.*

C'est vrai, elle écrit très bien... (*Il lui rend la lettre.*) Et contente de venir ! Il y paraît !

ÉLODIE.

Dame ! elle n'a pas tant d'agrément au pays ! Vous savez qu'elle est orpheline et que mes parents l'ont recueillie. Mais on n'est pas riche à la maison : il a fallu travailler comme tout le monde. Et puis, le père et la mère se cassent. C'est pas réjouissant, la société de ces vieux, pour une jeunesse de dix-huit ans !

LORMEAU, *se levant.*

Aussi, pourquoi ne pas l'avoir fait venir plus tôt ?

ÉLODIE.

A quoi bon ? Je ne puis même pas la garder deux jours !

LORMEAU.

Tu recommences ? Je te dis que tu vas la garder, et non pas deux jours, mais tout le temps, m'entends-tu ? Je le veux, moi !... Ah ! je me laisse influencer ? Eh bien ! tu vas voir ! Marthe restera ici à demeure, tant que tu seras contente d'elle. (*Il brosse sa redingote.*) Tu ne sais donc pas que je vois tout, que je comprends tout, sans en avoir l'air? Tu es fatiguée, tu as besoin de repos, il te faut une aide : eh bien! Marthe, c'est l'aide rêvée. Au moins tu t'entendras avec elle et tu la dresseras à nos habitudes. Ce sera charmant... Ne me remercie pas!... Je suis un égoïste! (*Il lui prend le menton.*) Tu crois qu'on me fait aller, n'est-ce pas? Eh bien, non! J'ai une volonté! Je prends Marthe, je te fais plaisir et je m'économise la suppléante dont tu avais besoin. Est-ce assez combiné, hein?

ÉLODIE.

Le fait est qu'il y aurait pour nous tout profit. Marthe remplacera la femme que j'emploie et la couturière dont je ne pouvais plus me passer avec mes mauvais yeux... Et puis elle est bien douce, vous verrez, bien affectueuse... Elle vous fera la lecture.

LORMEAU.

Ça rajeunira la maison!... Alors, c'est entendu, tu vas l'attendre à la gare?

ÉLODIE.

Est-ce que je peux! Et le ménage? Et votre déjeuner? (*Changeant de ton et d'expression.*) Et puis, c'est le jour de votre nièce! Et vous pensez bien qu'elle ne le manquera pas! Une fin de mois! On n'oublie pas son oncle, le jour de la pension!

LORMEAU.

Ah oui! C'est jeudi aujourd'hui... Mais alors, comment s'arranger?

ÉLODIE.

Oh ! la petite trouvera bien la maison..., elle connaît déjà Paris.

LORMEAU.

En ce cas, je vais m'habiller. Préviens-moi quand ma nièce sera là.

ÉLODIE, *tout à fait refroidie.*

Vous savez bien que votre nièce n'attend jamais que je l'annonce ! Madame passe raide devant moi et va droit à votre chambre... On conserve ses distances ! On ne mêle pas les torchons avec les serviettes. Elle vous préviendra elle-même, allez ! madame Suzanne !...

LORMEAU.

Toujours donc ? Toujours ? Vous ne désarmerez ni l'une ni l'autre ? Est-ce drôle !... on pourrait vivre si heureux !... (*Il sort à gauche.*)

SCÈNE VII

ÉLODIE, *puis* ÉLISÉE.

ÉLODIE.

Ça y est ! (*Elle va à la porte de sa chambre, l'ouvre et appelle :*) Élisée !

ÉLISÉE.

Voilà !

ÉLODIE.

Eh bien ! je l'ai vu, et Marthe s'installe ! Oh ! il a été bien drôle...

ÉLISÉE.

Je le sais.

ÉLODIE.

Comment, tu sais ?

ÉLISÉE.

Eh oui ! Je vous ai entendus...

ÉLODIE, *riant et le menaçant du doigt.*

Monsieur écoute aux portes ?

ÉLISÉE.

Faut bien, le métier veut ça !

ÉLODIE.

Quel métier ?

ÉLISÉE.

Le métier grâce auquel je vais pouvoir te tirer d'affaire ! Car ce n'est pas fini, tu sais ! Tu as l'air triomphant à cause de Marthe, mais il reste toujours ce que tu m'as dit : l'enfant, la petite nièce de Lormeau. Eh bien, si tu veux de ton côté me venir en aide, je me charge, moi, avec le concours de mon patron, d'empêcher l'enfant d'hériter !

ÉLODIE

Qu'est-ce qu'il fabrique donc, ton patron ?

ÉLISÉE *s'asseyant.*

Il ne fabrique rien, à moins que... (*Il tire un prospectus de sa serviette et lit :*) « *LE FURET!*... Recherches, (*soulignant*) dans l'intérêt des familles, de documents pour mariages, divorces... » Tu vois le remède à côté du mal! (*Continuant en appuyant :*) « Revendications de succession... (*Légèrement.*) Renseignements commerciaux, etc... »

ÉLODIE

C'est encore assez louche, ton affaire! Je ne vois pas bien : « Divorces... Renseignements commerciaux... » le rapport ?

ÉLISÉE

Justement : Divorce, commerce... Difficultés que fait naître le commerce de l'homme et de la femme!

ÉLODIE

Eh bien ! tu peux te vanter de faire un métier propre !

ÉLISÉE

On fait ce qu'on peut!... D'abord, si tu discutes les moyens, il n'y a rien de fait! Veux-tu, oui ou non, que je m'emploie à détourner Lormeau de sa petite nièce en lui prouvant qu'elle n'est pas de Raymond ? Tu ne dis rien ? Est-ce que tu te résignerais à voir cette enfant... (*Jusqu'à la fin de la scène, il se taille, dans une feuille de papier blanc, des manchettes qu'il épingle ensuite sur son poignet, sous la redingote.*)

ÉLODIE

Y a une justice, peut-être !

ÉLISÉE

Il y a... *le Furet !* « Recherches de documents !... » Et on les trouve, tu sais, les documents,... presque toujours. Sinon...

ÉLODIE

On les fabrique ?

ÉLISÉE

Je n'ai pas dit cela !... J'ai dit simplement que je pouvais t'aider à tirer ton épingle du jeu... Épingle est modeste..., mettons : pelote, ta pelote !... Seulement, donnant donnant : tu m'accrédites auprès de Lormeau... tout de suite ?...

ÉLODIE, *après une seconde d'hésitation.*

Attends..., je vais voir...

ÉLISÉE, *la retenant. Interrogation muette.*

Et ?...

ÉLODIE

Vous vous arrangerez !

ÉLISÉE

Merci. (*Gardant la main d'Élodie dans les siennes.*) Vois-tu, il n'y a encore de bon que la famille ! (*Élodie sort.*)

SCÈNE VIII

ÉLISÉE, *puis* ÉLODIE *et* LORMEAU.

ÉLISÉE, *qui l'a suivie des yeux un moment, reprend dans sa serviette un prospectus qu'il étudie.*

...La famille des autres !... (*Arpentant, perplexe.*) C'est le joint... maintenant... le joint. (*Apercevant Lormeau qui entre, suivi d'Élodie.*) Monsieur...

LORMEAU.

Bonjour, monsieur Rock... Élodie m'a dit que vous désiriez...

ÉLISÉE

Vous demander l'honneur d'un entretien.

LORMEAU.

Très bien ! Voulez-vous passer dans mon cabinet ?

ÉLISÉE

Oh ! je serais désolé de vous déranger... Je n'ai d'ailleurs que deux mots (*frappant sur sa serviette et regardant Élodie*) et il n'y a rien là de confidentiel,... une affaire seulement que je me permets...

LORMEAU, *refroidi, mais souriant.*

Oh ! les affaires, vous savez ! (*Pendant tout le début de

cette scène, Élodie entre et sort, faisant la navette de la table, qu'elle dessert, à l'office, de façon à entendre la conversation et à pouvoir s'y mêler, s'arrêtant, repartant, suivant les répliques.)

ÉLISÉE, *riant aussi.*

Les affaires? Ah! je sais bien!... On n'en veut plus entendre parler, quand on s'en est retiré! C'est comme les officiers retraités qui jurent de ne plus remettre les pieds à la caserne; n'empêche qu'on les voit partout où il y a des uniformes! (*Gaiement, avec l'allure d'un commis-voyageur.*) Est-ce vrai, mon colonel?

LORMEAU.

Eh bien, le colonel vous écoute, mon cher monsieur; voyons vos affaires!

ÉLISÉE.

Il ne s'agit que d'une seule quant à présent...

LORMEAU.

C'est assez, si elle est bonne!

ÉLISÉE.

Vous allez en juger. (*Il ouvre sa serviette, — mouvement d'Élodie, — tire un nouveau prospectus et le tend à Lormeau.*) Voici une brochure qui vous édifiera.

LORMEAU, *lisant tout haut.*

L'Incrochetable ou la sécurité des coffres-forts... (*Il lit ensuite tout bas.*)

ÉLODIE, *étonnée, bas à Elisée.*

Tu ne t'es pas trompé de prospectus?

ÉLISÉE, *même jeu.*

Non! (*Il sourit.*)

LORMEAU, *lui rendant la brochure.*

Je ne m'y connais pas, mais cette nouvelle invention me semble réunir...

ÉLISÉE, *avec enthousiasme.*

La sécurité de l'épargne et le triomphe de la serrurerie française!... Vous n'avez pas pu tout lire! Savez-vous ce que notre serrure-revolver, compteur à vis, donne de combinaisons? (*Rapidement.*) Trois sextillions, neuf cent six quintillions, deux cent cinquante quatrillions!

LORMEAU, *riant.*

Bigre!

ÉLODIE, *stupéfaite, regardant tour à tour son beau-frère et son maître.*

C'est-y possible?

ÉLISÉE.

Vous pouvez vérifier!

LORMEAU.

Merci!

ÉLODIE.

Il ne compte jamais!

ÉLISÉE.

Mais ce n'est rien. Prenez un voleur, un fin, un adroit, un habile, et mettez-le devant le coffre-fort défendu par notre fermeture. Eh bien! à raison de douze heures par jour, et d'une minute par combinaison, il lui faudrait vivre plus de quatorze millions d'années! ou cent quarante mille fois cent milliards d'années, pour forcer le meuble. Vous pouvez vous endormir à côté...

LORMEAU.

Les voleurs aussi...

ÉLODIE.

C'est beau tout de même, l'instruction! (*Elle regarde Élisée avec admiration.*)

LORMEAU.

Tout cela me semble bien combiné,... très combiné! Et vous vendez alors des coffres-forts? C'est que j'en ai un, vous savez, un vieux, un ami!

ÉLISÉE.

Oh! monsieur, supposez-vous que je veuille vous faire l'article?

ÉLODIE, *en écho.*

Oh! monsieur!

LORMEAU.

Mais je ne suppose rien... Je voulais seulement vous demander à quoi je puis vous être utile...

ÉLISÉE.

Je vais vous le dire... Vous n'ignorez pas, monsieur, le sort misérable des inventeurs en France. Beaucoup y ont trouvé... la mort... D'aucuns l'ont donnée, en un moment d'égarement. (*Légèrement.*) Je ne vous rappellerai pas leur martyrologe...

LORMEAU, *interloqué.*

Le martyrologe des meurtriers?...

ÉLISÉE, *sans l'écouter.*

Voici l'affaire... L'inventeur de ce nouveau coffre, le savant mécanicien à qui les banques vont devoir le salut de l'épargne française, un élève des Arts-et-Métiers, s'il vous plaît, est venu me trouver. Il est pauvre, pauvre au point de ne pouvoir prendre les brevets nécessaires... Alors, j'ai songé à vous...

LORMEAU.

Je vous demande pardon, mais je suis moi-même un peu gêné en ce moment...

ÉLISÉE.

Oh! monsieur, il n'y a que quatre brevets à deux cents francs.

LORMEAU.

C'est heureux qu'il n'y en ait pas autant que de combinaisons!...

ÉLODIE, *venant à Lormeau.*

Excusez-moi si je vous interromps... Voici les termes que la concierge a montés en votre absence.

LORMEAU, *contrarié.*

Bien..., bien... Je vérifierai plus tard... Vous auriez pu...

ÉLODIE.

Oh! je ne vais pas me gêner avec Élisée.

LORMEAU.

Vous avez dit: huit cents francs?

ÉLISÉE.

Ce serait un peu juste..., cinquante louis... (*A part.*) Quand on emprunte, on compte toujours par louis!

LORMEAU, *avec un sourire forcé.*

Mon Dieu, monsieur Rock, j'ai du plaisir à vous être agréable; voici l'argent.

ÉLISÉE.

Mille fois merci. C'est au commerce autant qu'à moi que vous rendez service!

LORMEAU, *se levant.*

Ce sont mes locataires qu'il faut remercier, puisqu'ils me permettent de ne pas vous faire attendre!

ÉLISÉE.

Je n'oublierai pas, soyez-en sûr... Je vais vous faire un reçu... (*A Élodie.*) Tu as de quoi écrire?

ÉLODIE. *Elle prend sur le buffet son livre de comptes, le dépose sur la table et cherche l'encrier.*

Attends... Il y a ce qu'il faut dans mon livre de dépenses...

LORMEAU.

Ne prenez pas la peine... Je vais vous établir le petit papier... Une minute, monsieur Rock ! (*Il sort.*)

SCÈNE IX

ELODIE, ÉLISÉE.

ÉLODIE.

Ah ! on peut dire que ton instruction t'a profité tout de même !...

ÉLISÉE.

On fait ce qu'on peut ! (*On entend la voix de Lormeau criant :*) Élodie !

ÉLODIE.

Qu'est-ce qu'il veut encore? (*Elle sort.*)

SCÈNE X

ELISEE, *puis* ÉLODIE.

ÉLISÉE, *boutonnant son veston dans la poche intérieure duquel il a enfermé les billets.*

Est-ce qu'il voudrait me les reprendre ?

ÉLODIE, *rentrant.*

Tiens, voilà ton reçu : signe-le !

ÉLISÉE, *après avoir signé, admiratif, montrant les tas de billets.*

Dis donc ! il laisse l'argent !

ÉLODIE.

Oui, nous allons régler... Il s'habille... Tu comprends, il ne veut pas que sa nièce le voie l'air éreinté ! (*Elle met le reçu sur les billets, l'encrier par-dessus.*)

ÉLISÉE, *suivant son idée.*

Il est riche, hein?

ÉLODIE.

Dame ! je ne sais pas au juste... Deux maisons avec celle-ci.

ÉLISÉE.

Ça fait cinquante mille francs de rentes !

ÉLODIE.

Et nous ne dépensons pas six cents francs par mois !

ÉLISÉE.

J'aurais dû lui demander de quoi prendre six brevets ! (*Sonnerie. Élodie va ouvrir. Élisée aperçoit le livre de comptes d'Élodie, s'en empare et lit.*)

SCÈNE XI

ELISÉE, SUZANNE, *et, derrière elle,* ÉLODIE.

SUZANNE *entre, passe devant Élisée sans le regarder, l'air dédaigneux. Élodie se presse et va devant la table pour cacher les billets. La jeune femme la regarde, sans dire un mot, et va droit à la porte par où Lormeau est sorti.*

Bonjour, mon oncle!

LA VOIX DE LORMEAU.

Entrez donc! (*Suzanne entre et referme.*)

SCÈNE XII

ÉLODIE, ELISÉE.

ÉLODIE.

Eh bien! tu as vu?

ÉLISÉE, *sans poser son livre.*

Quoi?

ÉLODIE.

Sa façon d'entrer!... Cette chipie! Ça ne saluerait

même pas! Ça entre comme chez elle! « Mon oncle!... » (*Montrant le poing.*) Rira bien qui rira...

ÉLISÉE, *lisant le livre de comptes.*

Dépenses de janvier: mille huit cent cinquante-quatre francs... Tiens! tu me disais que vous ne dépensiez...

ÉLODIE.

Oh! le mois des étrennes! (*Elle lui enlève le registre des mains, vivement.*)

ÉLISÉE.

Ne crains-tu pas que l'anse du panier te reste dans les mains?

ÉLODIE.

Après?

ÉLISÉE.

Oh! ce que j'en dis!... Je me renseigne, simplement... Tu penses bien que *le Furet* ne travaille pas pour rien, mon patron du moins... Mais, à propos, il me faut des renseignements.

ÉLODIE.

Lesquels?

ÉLISÉE.

Quelques notes sur le passé de la jeune nièce en question. (*Il montre la porte par où Suzanne est sortie.*) Et puis, et puis... un spécimen de son écriture.

ÉLODIE, *réfléchissant.*

Ça, c'est possible... Oui, je sais où sont ses lettres... Je verrai.

SCÈNE XIII

ÉLISÉE, LORMEAU, SUZANNE, *puis* ÉLODIE.

LORMEAU, *reconduisant Suzanne.*

Je vous ai préparé l'argent de votre pension. (*Il va à la table. Élisée entre dans l'office, et Élodie dans la pièce d'où sortent l'oncle et la nièce.*) Dites donc, Suzanne, ce n'est pas grave, au moins, la maladie de Jeanne? (*Il prend le tas de billets.*)

SUZANNE.

Oh! non, un peu de rhume.

LORMEAU, *montrant les billets et riant.*

Vous voyez, je vous attendais. Voici votre pension. (*Il lui remet deux billets de banque.*)

SUZANNE.

Je vous en remercie mille fois, mon oncle, bien que, exceptionnellement, je me permette de donner à cet argent une autre destination.

LORMEAU.

Comment cela? (*Élodie reparaît et écoute.*)

SUZANNE.

Raymond n'avait au cimetière qu'une concession à

terme, expirée aujourd'hui. Le conservateur m'a informée de l'urgence du renouvellement. J'espère qu'on voudra bien attendre pour la pension de Jeanne, que j'acquitterai le mois prochain..., avec un peu d'économie.

ÉLODIE, *rentrant, à part.*

Intrigante !

SUZANNE.

Voici, d'ailleurs, la lettre d'avis...

LORMEAU, *embarrassé, se levant.*

Ah ! c'est fâcheux ! Vous n'arriverez jamais... Je voudrais pouvoir...

ÉLODIE, *s'approchant.*

La concierge, j'ai oublié d'en informer Monsieur, m'a prié de vous dire que le locataire du second n'a pas payé et que celui de l'entresol ne paiera qu'à la fin du mois.

LORMEAU.

Bon !

ÉLODIE.

L'entrepreneur a aussi apporté la note des derniers travaux.

LORMEAU, *étonné.*

Ah ! (*A Suzanne, après une seconde d'hésitation, sous le regard d'Élodie.*) Vous le voyez, ma chère amie, je suis moi-même...

SUZANNE.

Je ne demande rien, mon oncle, mais je vous sais gré

de vos bonnes intentions à mon égard... Je serais même désespérée de vous être à charge, et si la pension de Jeanne...

LORMEAU.

Ah ! par exemple !

SUZANNE.

Alors, permettez-moi de vous remettre, en échange, la dernière photographie que j'ai fait faire d'elle.

LORMEAU.

Mais, je crois bien... (*Prenant la photographie.*) Elle a changé !... Élodie, donnez-moi donc l'album qui est dans le salon ! (*Élodie sort et rentre aussitôt.*)

SUZANNE.

Ça change si vite, les enfants ! (*Elle boutonne son vêtement.*)

LORMEAU, *allant vers la porte par où est sortie Élodie.*

Eh bien !

ÉLODIE, *lui remettant l'album brusquement.*

Voilà !

LORMEAU, *gêné sous le regard d'Élodie après avoir ouvert l'album.*

Heu ! heu !... Dites donc, Suzanne... (*Il compare la photographie à celle de l'album.*) Vous trouvez qu'elle ressemble à Raymond, vous ?

SUZANNE.

Oui..., la bouche... (*Élodie va et vient pendant ce temps, feignant d'arranger les meubles.*)

LORMEAU.

Je ne trouve pas... A vous..., oui !... (*Rire muet d'Élodie au fond.*)

SCÈNE XIV

LES MÊMES, ÉLISÉE, MARTHE, THÉODULE.

MARTHE, *en petite paysanne endimanchée*, THÉODULE, *avec un baluchon. Ils entrent brusquement.*

C'est nous!

ÉLODIE.

Ah! mes enfants! Comment, mon Théodule, c'est toi, la surprise? (*Elle les embrasse.*)

LORMEAU, *à Suzanne.*

Je vous demande pardon..., une minute... (*Il se dirige vers les arrivants après lui avoir passé l'album.*)

ÉLODIE.

Approchez-vous donc, que je vous présente à monsieur Lormeau. (*Poussant Marthe.*) Hein! Vous ne l'auriez pas reconnue?... A-t-elle grandi!

ÉLISÉE.

Un beau brin de fille !

LORMEAU.

Certes ! (*Marthe reste les yeux baissés.*)

ÉLODIE.

Ah çà ! mon Théodule, pourrais-tu me dire pourquoi te voilà ?

THÉODULE.

Me voilà, parce que je suis soldat !

ÉLODIE.

Mais tu avais tiré un bon numéro...

THÉODULE.

Faut toujours que je fasse un an... Seulement paraît que je suis caserné à la Pépinière, qu'est pas loin d'ici ; une chance, pas vrai ? Alors Marthe a attendu que je sois appelé pour que nous fassions le voyage ensemble.

ÉLODIE.

C'est-y possible ! Et maman, Marthe, comment va maman ? quand vient-elle ?

MARTHE.

Pas cette année. Maman Fiquet fera le voyage aux étrennes..., dans un an ou deux, à cause du père qui est toujours mal portant.

ÉLODIE, *admirative, montrant Marthe à Lormeau.*

Mais regardez-la donc... C'est timide !... A-t-elle des cheveux, la gamine !

ÉLISÉE.

Et des cils !

LORMEAU, *souriant.*

Le fait est que je ne vois que ça...

ÉLODIE.

Lève donc les yeux, Marthe ! Monsieur Lormeau ne te fait pas peur ?

MARTHE.

Non, tante.

THÉODULE.

Et qu'elle lit bien ! Vous ne l'avez pas entendue lire... L'soir, là-bas, elle nous lisait un feuilleton : *La Grande Marinière*, qu'était envoyé !...

ÉLODIE.

Vrai ?

THÉODULE, *tirant* le Petit Journal *de sa poche, à Marthe.*

Lis-leur un peu, n'importe quoi, pour voir.

MARTHE, *les yeux sur Élodie.*

Tante...

ÉLODIE.

Lis, ma chérie, puisqu'on te demande.

MARTHE, *lisant sans accent.*

« Depuis vingt-quatre heures tous les rêves de Thérèse se brisaient contre cette implacable réalité; dix-sept ans d'innocence, de pureté, sacrifiés au plaisir d'une heure, d'une minute. Était-ce possible, mon Dieu! Quand elle faisait un retour sur elle-même, mille sentiments divers s'agitaient en elle et la torturaient... »

LORMEAU.

Très bien. Beaucoup de sentiment. Ah! la lecture! Voilà un passe-temps qui me retiendra à la maison, Élodie!

ÉLODIE, *à demi-voix.*

J'y compte bien!

LORMEAU.

Allons, on déjeune?

ÉLODIE.

Quand vous voudrez!

LORMEAU, *revenant à Suzanne.*

Je vous demande pardon... Vous déjeunez avec nous?

SUZANNE.

Je vous remercie. J'ai promis à Jeanne de rentrer vite... Au revoir! (*Elle pose l'album.*)

LORMEAU, *l'embrassant.*

Comme vous voudrez! (*La regardant sortir, très digne.*) Fiérote!

Rideau.

ACTE II

Le salon de Lormeau. — Guéridon sur lequel sont rangés les cadeaux du nouvel an : Bonbons, paquets informes, boîtes, cartons, etc., qu'Élodie et Marthe achèvent de ranger, pendant que la mère Fiquet, assise sur une chaise devant un canapé, fouille dans un tas de vêtements d'homme. Marthe est déjà tout autre qu'au premier acte : de mise, d'allures et de ton tout différents.

SCÈNE PREMIÈRE

ELODIE, MARTHE, LA MÈRE FIQUET.

ÉLODIE.

Ah ! le Jour de l'An, moi, ça ne m'agite plus !

MARTHE.

Bah ! tant qu'on reçoit !

ÉLODIE.

C'est que nous donnons aussi..., et ça coûte cher !

MARTHE.

A qui ?... Pas à toi, toujours !

ÉLODIE, *montrant un grand carton.*

Dis donc, ta robe, il ne sait pas que nous l'avons achetée ensemble... Il m'en voudrait... Il désire que ce soit une surprise.

MARTHE.

Jolie, la surprise, hein ? Sais-tu ? La vraie surprise, ce serait... un petit cadeau dans la poche !

ÉLODIE.

Tiens !

MARTHE.

Pas de gages, ça ne veut pas dire pas de gratte !

ÉLODIE.

Comment !

MARTHE.

Pas de gra...tification !... Qu'est-ce que tu as acheté pour la nièce et sa fille ?

ÉLODIE.

Ça, pour la mère, dans des soldes. (*Elle montre un paquet.*) C'est encore cher, la dentelle ! Ça fait mal au cœur de dépenser tant d'argent !... Pour la petite, ça : une poupée qui dit : maman.

MARTHE.

Et papa ?

ÉLODIE.

Non. Ah! dame..., quand on ne sait pas!

MARTHE.

Je vois la tête de la nièce, si elle comprend... Mais tu ne crains pas que le vieux se fâche?

ÉLODIE, *digne.*

Il ne me ferait pas cet affront!

LA MÈRE FIQUET.

Bien, Élodie. Souviens-toi que tes parents t'ont enseigné la fierté, ma fille!... et l'honnêteté!... Avec ça, vois-tu...

ÉLODIE, *descendant.*

Ça va, ton triage?

LA MÈRE FIQUET.

Peuh! Il les met longtemps, ses habits, ton monsieur! Y aura pas gras pour ton père.

ÉLODIE.

Cependant...

LA MÈRE FIQUET, *se levant.*

C'est bien pour t'en débarrasser!

ÉLODIE.

Ah! mais! pas ce paletot-là! Il est tout neuf! On ne l'a pas encore porté!

LA MÈRE FIQUET.

Oh! oh! très bien! ne te fâche pas! Du moment que tu sacrifies ton père à un étranger!...

ÉLODIE.

Mais, maman...

LA MÈRE FIQUET.

Seulement, entre nous, là, le voyage me coûte déjà assez cher...

ÉLODIE.

Comment! c'est moi qui le paie! (*Elle remonte.*)

LA MÈRE FIQUET.

... Sans que j'achète encore, pour ce vieux grigou, des étrennes!..

MARTHE, *bas à Élodie.*

Elle a acheté quelque chose?

ÉLODIE.

Deux oranges! (*Elles rient toutes les deux.*)

SCÈNE II

LES MÊMES, ÉLISÉE.

ÉLISÉE.

Eh bien! les petits enfants, on ne se la souhaite pas?

ÉLODIE.

Comment! c'est toi? Une résurrection!

ÉLISÉE, *il embrasse Élodie, puis Marthe.*
A la mère Fiquet.

Vous, la mère, puissé-je en faire autant dans...

LA MÈRE FIQUET.

Oh! je n'irai pas jusque-là!

ÉLISÉE.

L'année prochaine!

LA MÈRE FIQUET.

Y a plus de respect pour les vieilles gens!

ÉLISÉE, *regardant les nippes.*

Ma parole, il y a des choses là-dedans qu'on serait heureux d'avoir sur le dos... certains jours!

LA MÈRE FIQUET, *se jetant devant lui.*

Élodie défend qu'on y touche.

ÉLISÉE *rit, remonte et entraîne Élodie à droite.*

Autre chose... Ça marche!

ÉLODIE.

Ah! Comme on ne te voyait plus, je croyais...

ÉLISÉE.

J'ai eu des ennuis.

ÉLODIE.

Pour moi?

ÉLISÉE.

Non, pour les coffres-forts. (*Élodie sourit et hausse les*

épaules.) Tu ris?... Personne n'a pu les forcer... (*à part*) à se vendre!

ÉLODIE.

Enfin, quoi de nouveau ?

ÉLISÉE.

Voilà. J'ai mis en campagne nos meilleurs agents, et nous avons appris que Suzanne, avant de rencontrer le neveu de Lormeau et d'être sa maîtresse, avait été fiancée à un garçon dont nous avons su le nom, l'adresse et l'emploi. Il est aujourd'hui commis principal dans une mairie.

ÉLODIE.

Et... il y a eu quelque chose entre eux à cette époque?

ÉLISÉE.

Rien, des rapports de famille pendant trois mois.

ÉLODIE, *désappointée.*

Eh bien, alors ?

ÉLISÉE.

Simple! Au moyen du spécimen d'écriture de Suzanne, que tu m'as obligeamment communiqué, et d'un spécimen de l'écriture du jeune homme, que nous nous sommes aisément procuré, un scribe de l'agence a élaboré des lettres apocryphes destinées à ne laisser aucun doute sur l'intimité des relations de nos amoureux. Caractères, ancienneté du papier, des timbres de l'enveloppe, du filigrane, nous répondons de tout. Si Lormeau n'est pas convaincu après la production de ces pièces!...

ÉLODIE.

Mais la nièce protestera, vous fera poursuivre.

ÉLISÉE.

Aussi ne livrons-nous que des copies. Les prétendus originaux restent entre nos mains et disparaissent après avoir passé sous les yeux de ton patron, qui reconnaîtra d'autant mieux la main de sa nièce qu'elle s'y tromperait peut-être elle-même.

ÉLODIE.

Vilains moyens, décidément !

ÉLISÉE.

Si nous les discutons, parbleu !... Maintenant, as-tu préparé le terrain ?

ÉLODIE.

Oui... Le vieux s'est ému. Mais il demande des preuves. Il m'a dit textuellement : « Sans doute, la petite n'aurait plus rien de moi si je savais que Raymond n'est pas son père. »

ÉLISÉE.

Tu vois bien !

ÉLODIE.

Et il a ajourné la visite du notaire, qu'il avait appelé, il y a huit jours.

ÉLISÉE.

Parfait. Nous pouvons donc marcher ?

ÉLODIE, *hésitant.*

Non. Attends encore. Ne brusquons rien.

ÉLISÉE.

La présence de Marthe, ici, n'a donc pas eu l'influence...

ÉLODIE.

Comment l'entends-tu ?

ÉLISÉE.

Dame ! c'est jeune..., inexpérimenté...

ÉLODIE.

Je ne comprends pas.

ÉLISÉE.

Bref, pour revenir à notre affaire, j'ai sur moi les documents nécessaires... Quand tu voudras...

LA MÈRE FIQUET, *au fond.*

Dis donc, Élodie?

ÉLODIE.

Quoi donc, maman ?

LA MÈRE FIQUET.

Tu n'as pas de vieux chapeaux aussi ? Des chaussures encore bonnes ?

ÉLODIE.

Ah ! des chapeaux, non..., mais des bottines..., il y a là une paire qui lui est un peu juste...

LA MÈRE FIQUET.

Tiens! ma fine! Tu voudrais pas que ce soit ton pauvre père qui les brise..., lui qu'a les pieds si délicats!

SCÈNE III

LES MÊMES, THÉODULE *entrant en militaire.*

MARTHE.

Théodule!... Tu as ta permission?

THÉODULE, *après l'avoir embrassée.*

Oh! quarante-huit heures seulement... Le jour de l'an et le lendemain.

ÉLODIE.

On te fera un lit ici..., un matelas par terre..., pour deux nuits.

MARTHE.

Mais... des matelas..., il n'y a plus que les nôtres...

ÉLODIE.

J'en retirerai un à l'autre...

LA MÈRE FIQUET.

C'est bien le moins, quand on se dérange!

ÉLISÉE.

Alors on n'attend plus que le patron?

LA MÈRE FIQUET.

M'est avis qu'il n'a pas l'air de se douter que nous sommes là!

ÉLODIE, *qui écoute à sa porte.*

Attention..., le voilà!..

LA MÈRE FIQUET.

Oui, mais, vous savez, de la dignité!... On n'est pas des domestiques! (*Ils se lèvent tous et vont se ranger à gauche, face à la porte par laquelle entre Lormeau à droite.*)

SCÈNE IV

LES MÊMES, LORMEAU.

LORMEAU, *à Élodie qui vient à sa rencontre.*

Comment! vos parents sont là, Élodie?... Il fallait m'en avertir...

ÉLODIE.

Monsieur Lormeau, en souvenir et par reconnaissance de ce que vous avez fait pour ma famille et pour moi-même, permettez-moi d'appeler sur vous la bénédiction du bon Dieu.

LORMEAU.

Ma bonne Élodie, je ne sais comment... (*Il l'embrasse.*)

ÉLODIE, *montrant une jardinière.*

A ces fleurs, qui sont ma misérable offrande...

LA MÈRE FIQUET.

En hiver? Mazette!

ÉLODIE.

...Marthe (*elle lui fait signe d'approcher*) a voulu joindre son petit cadeau.

MARTHE, *montrant une tasse sur la table.*

Cette tasse, monsieur.

LORMEAU.

Ah! chère enfant! Et à mon chiffre! (*Il l'embrasse.*) Voilà qui est gentil.

ÉLISÉE, *à part.*

Ce qu'on lui fera boire là-dedans!

LA MÈRE FIQUET, *pour aller à Lormeau, écartant Marthe du geste.*

Moi, voilà!... (*Elle pose brutalement les deux oranges sur la table.*)

LORMEAU.

Merci, madame Fiquet. Je n'oublierai pas...

LA MÈRE FIQUET.

De rien, de rien!... (*En s'en allant.*) Voilà comme je suis, moi! Pas de platitudes!

ÉLISÉE.

Moi, monsieur Lormeau, je ne me suis pas cru autorisé... Rien qu'une poignée de main, — cordiale, par exemple!

THÉODULE.

V'là deux paquets de tabac de cantine que j'ai retirés avant de venir. Si ça peut vous aller pour la pipe, je ne regretterai pas mes douze sous.

LORMEAU.

Vous êtes tous de braves gens que je remercie du fond du cœur... Laissez-moi, à mon tour, vous offrir un petit souvenir... Vous, Marthe, la robe que vous désiriez... Ne me remerciez pas. (*Il l'embrasse.*) Je suis trop satisfait... Ah! j'oubliais! Pour votre robe, c'est le contraire de la formule : « Ne pas agiter avant de s'en servir! » Allez! allez! Vous comprendrez après.

ÉLISÉE.

Hé! hé! la gamine!

LORMEAU.

Madame Fiquet, j'ai consulté Élodie... Elle m'a dit qu'un châle...

LA MÈRE FIQUET.

Oh! ça ou autre chose!... C'est pas qu'on attende après...

LORMEAU, *à Théodule.*

Vous, ceci... (*il lui donne une montre*) pour vous éviter

la salle de police!... Quant à vous, Élodie, vous m'avez dit votre fantaisie... et j'y ai souscrit volontiers, trop heureux de vous être agréable. (*A Élisée.*) Eh bien! mon ami, où en sommes-nous avec nos coffres-forts?

ÉLISÉE.

Ça va, ça va. Nous fabriquons beaucoup.

LORMEAU, *s'asseyant.*

Oui, vous avez la cage : il ne manque plus que l'oiseau!... Mais vous deviez m'expliquer...

ÉLISÉE.

Oh! bien simple!... Avec notre système de compteur à vis... (*Il le pousse à gauche. Ils continuent de causer presque à voix basse.*)

LA MÈRE FIQUET, *à Élodie.*

Tu ne m'as pas dit ta fantaisie...

ÉLODIE.

Oh! rien! De l'argent.

LA MÈRE FIQUET.

C'est donc que t'as peur que je t'en demande?

MARTHE, *au fond, examinant sa robe devant Théodule.*

Ah!... (*Elle descend près de sa tante et de la mère Fiquet.*) Regardez donc... dans la poche!

ÉLODIE.

Cinq cents francs!

LA MÈRE FIQUET.

Il m'a donné un châle, à moi, parce qu'il n'y a pas de poche!

ÉLODIE.

Va remercier. (*Elle appelle :*) Élisée!

ÉLISÉE, *causant avec animation.*

Nous avons écrit sur le mur de la vie privée : Défense...

ÉLODIE.

Elisée! (*Élisée remonte.*)

MARTHE, *à Lormeau.*

Ah! monsieur Lormeau, c'est trop! non, vraiment!

LORMEAU, *lui prenant les mains.*

Ne dites pas cela. Je suis votre débiteur... Est-ce que j'avais une lectrice avant votre arrivée? Est-ce que la maison avait cet air de fête journalier? Tout cela se paie, et j'ai pensé que mon affection... sincère, solide, était cependant pour vous trop peu.

MARTHE.

Ah! monsieur Lormeau!

LORMEAU.

Laissez donc! Je ne suis plus jeune, pas tous les jours gai. Il faut me passer bien des choses et... m'aimer un peu pour mes bons quarts d'heure.

ÉLODIE.

Marthe, tu ennuies monsieur Lormeau.

LORMEAU.

Mais non! Je lui disais que j'allais m'entendre avec vous, Élodie, sur la question des gages... C'est sa première promotion, ses premiers galons. (*A Théodule.*) Vous connaissez ça, vous?

THÉODULE.

Oui. Seulement, c'est jamais celui qui les donne qui les arrose. (*On sonne.*)

ÉLODIE.

Votre nièce, sans doute. (*Elle va ouvrir.*)

LORMEAU.

Ah bien! je la reçois ici.

MARTHE.

Faut-il que nous nous en allions?

LORMEAU.

Mais non. Je n'ai pas voulu dire cela.

SCÈNE V

LES MÊMES, SUZANNE, JEANNE. *Suzanne et sa fille élégantes. Contraste. Elles doivent passer au fond au milieu des Fiquet. Suzanne descend, fière, sans tourner la tête. Jeanne ramène sa robe d'un petit geste de femme dégoûtée.*

JEANNE.

Mon oncle..., tous les bonheurs que tu peux désirer, je te les souhaite.

LORMEAU

Merci, ma chérie!

SUZANNE.

Mes vœux sont ceux de Jeanne, mon oncle. (*Elles s'asseoient devant Lormeau, qui a repris le fauteuil à droite.*)

LORMEAU.

Jeanne, je vais te donner une petite amie... Élodie, passez-moi donc la boîte, là, sur la table... Une petite amie dont tu devras faire l'éducation, car elle ne dit que : papa, maman.

ÉLODIE, *apportant la boîte.*

Je demande pardon à Monsieur, elle ne dit que maman.

SUZANNE, *se levant.*

Mon oncle!...

LORMEAU.

Quoi donc?... Voyons, je vous en prie..., un premier jour de l'an!... Vous ne pouvez donc pas me donner une joie complète?...

JEANNE, *prenant la poupée.*

Laisse, mon oncle, je lui apprendrai ce qu'elle ne sait pas.

LORMEAU.

Bien, ma chérie.

SUZANNE.

As-tu remercié ton oncle, Jeanne? (*Lormeau la prend sur ses genoux.*)

LORMEAU, *saisissant un sac à portée de sa main.*

Aimes-tu les bonbons?

JEANNE.

Oui... (*En prenant un, après un coup de langue.*) Mais pas des bonbons peints, parce que ça fait du mal! (*Elle le recrache. Rires au fond. Élodie surveille. Marthe et Élisée causent bruyamment avec la mère Fiquet. Théodule joue avec un doigt sur le piano.*)

ÉLISÉE, *prenant des mains de Marthe un sac de marrons glacés.*

Mazette! Bonne marque!

LORMEAU.

Où donc avez-vous acheté ces bonbons-là, Élodie?

ÉLODIE.

Chez l'épicier.

LORMEAU.

Vous les jetterez!

ÉLODIE.

Nous les mangerons. Pour des domestiques, c'est toujours bon!

SUZANNE, *se levant.*

Nous vous dérangeons, mon oncle? Nous allons... (*Piano. Rires.*)

LORMEAU.

Mais non. Asseyez-vous donc. Vous n'êtes pas pressée, voyons!... Fais-tu des progrès, Jeanne?

JEANNE, *la voix couverte par le bruit qu'on fait au fond. Criant.*

Oui, mon oncle!

LORMEAU.

Le fait est qu'on ne s'entend pas. Élodie, je vous en prie, un peu de silence.

ÉLODIE.

C'est vrai. J'oubliais que nous ne sommes pas chez nous! (*Elle va parler aux siens. Théodule quitte le piano, mais Marthe s'y met.*)

LORMEAU.

Voyons, qu'est-ce que tu as fait, ces derniers mois?

JEANNE.

J'ai grandi.

LORMEAU.

Elle a raison. Vous rappelez-vous, Suzanne, les coches que faisait Raymond au chambranle de toutes les portes, pour constater la croissance de sa fille? La porte de ma chambre est hachée de petits traits avec des dates. J'en ai relevé jusqu'à deux dans une huitaine.

MARTHE, *très haut.*

Théodule, qu'est-ce que vous chantez dans les marches militaires? (*Théodule se penche vers elle.*)

SUZANNE.

Je me rappelle, mon oncle... Et chez nous...

MARTHE, *riant.*

Ah! oui, attends!... Vous reprendrez le refrain. (*Elle chante en tapant très fort sur le piano.*)

Sur la route de Louviers,

LES FIQUET, *reprenant.*

Sur la route de Louviers,

MARTHE, *continuant.*

Y avait un cantonnier...

LORMEAU, *se levant.*

Ah! je vous en prie, Marthe!... Élodie...

ÉLODIE.

Mais je ne peux pas, moi! Empêchez-la vous-même!

MARTHE, *se levant.*

Si on ne peut plus fredonner!... Faut-il que j'aille en pénitence?

LA MERE FIQUET, *debout aussi.*

J'espère qu'on nous fait assez sentir que nous gênons.

LORMEAU.

Élodie...

ÉLODIE.

Enfin, qu'est-ce que vous avez après moi? Si je ne puis recevoir ma famille, il fallait le dire.

LORMEAU, *impatienté.*

Eh bien!... je le dis! Je ne suis plus chez moi, alors?

LA MERE FIQUET.

Ça y est!... Tu vois!... Puisqu'on nous chasse... (*Elle va reprendre ses oranges.*)

THÉODULE, *venant reprendre ses paquets de tabac.*

Comme je vois que vous ne fumez pas la pipe...

MARTHE.

Laissez donc! C'est un coup monté!

ÉLODIE.

Voilà la récompense de toute une vie de dévouement! Certainement, je n'endurerai pas... (*Fausse retraite.*)

LORMEAU.

Eh! allez-vous-en, si vous voulez!

ÉLODIE, *revenant.*

Si nous voulons?... Eh bien! oui, nous voulons... On ne nous renvoie pas : nous partons! Seulement, je ne qualifie pas le procédé. Quand on a l'intention de se débarrasser des gens...

MÈRE FIQUET, *son carton d'une main, ses oranges de l'autre.*

Moi, moi, je le qualifie : c'est petit!

LORMEAU.

Vieille sorcière!

ÉLODIE.

Il insulte maman!... Notre famille vaut bien la vôtre, pourtant!

MARTHE, *s'avançant.*

Si je disais tout...

ÉLODIE.

Tais-toi. Gardons le beau rôle. S'il y a une justice, elle sera pour toi, pauvre enfant qui n'as plus de père contre les petites filles qui en ont deux! (*Elle entraîne les siens.*)

LORMEAU, *se précipitant.*

Clique!... clique!...

ÉLISÉE, *protégeant leur retraite. Digne.*

Monsieur Lormeau, vous comprendrez qu'il ne me soit plus permis de remettre les pieds ici. Cependant, comme nous sommes en relations d'affaires, je vous salue! (*Il sort. Lormeau ferme la porte sur lui, violemment.*)

SCÈNE VI

LORMEAU, SUZANNE, JEANNE.

LORMEAU.

Je crois bien !... Il me doit plusieurs milliers de francs !

SUZANNE.

Mon oncle, cette scène me chagrine, car j'en suis la cause évidente. Je me retire.

LORMEAU.

Vous vous retirez ? Ah ! mais non, par exemple ! Eh bien ! qu'est-ce que je deviendrais, tout seul ? Vous allez me faire le plaisir d'enlever votre chapeau toutes les deux. Vous dînez avec moi. Jeanne, dis à ta mère que tu veux dîner avec ton oncle. Vous allez voir comme ce sera gentil.

SUZANNE.

Nous cédons, mon oncle, en voyant dans quel embarras... momentané va vous laisser le départ de ces femmes.

LORMEAU.

Allons, c'est bien, et je vous remercie, Suzanne. (*Arpentant le salon, pendant qu'elles retirent manteaux et chapeaux.*) Hein ! je ne le leur ai pas envoyé dire : « Clique ! »

Et la porte ? L'avez-vous entendue, la porte? V'lan ! Ah ! c'était devenu intolérable ! Il fallait en finir.

SUZANNE.

Votre dîner ?...

LORMEAU.

Ah ! mon dîner !... Vous allez voir comme j'étais servi ! Ces filles, ayant fait toilette, ont déclaré, ce matin, qu'elles ne pourraient s'occuper de la cuisine. Alors, on a commandé à dîner au restaurant.

SUZANNE.

Bien. Où mettra-t-on le couvert ?

LORMEAU.

Mon Dieu, ici. Il y a du feu..., et je suis sûr qu'on n'en a pas fait dans la salle à manger. Jeanne va vous aider. Nous allons vous aider tous les deux. Ce sera charmant. (*Il apporte avec Suzanne une table au milieu du salon et la débarrasse.*) Vous savez où est le service ?

SUZANNE.

Mais oui, je trouverai bien.

LORMEAU, *l'arrêtant au passage et l'embrassant.*

Ah ! tu es gentille d'être restée !... Tant pis ! je te tutoie !... Ton oncle !... Je suis sûr que nous ne nous connaissons pas. Tu vas voir la bonne paire d'amis que nous allons faire ! Voyons, à quoi puis-je t'être utile ?

SUZANNE.

A rien. Asseyez-vous là, et ne bougez plus que pour venir à table. Pour quelle heure le dîner?

LORMEAU, *assis dans le fauteuil.*

Six heures.

SUZANNE.

Eh mais! j'ai juste le temps de mettre le couvert. Viens, Jeanne. (*Elle disparaît un moment, aidée par Jeanne qui porte le linge.*)

LORMEAU.

Sont-elles gentilles! Mon Dieu, vais-je être tranquille! La voilà, la vie de famille!

SUZANNE, *dépliant une serviette trouée.*

Oh! oh!

LORMEAU, *se retournant.*

Quoi donc?

SUZANNE.

C'est votre linge?

LORMEAU.

Mais oui. C'est pour l'entretenir en bon état que je payais deux femmes. Il est vrai que la petite m'économisait une couturière... qu'elle ne remplaçait pas, d'ailleurs.

SUZANNE.

Mais il est impossible que cette argenterie soit la vôtre.

LORMEAU.

C'est la mienne. Ah! je suis heureux que tu voies comment on me servait! Les courses dans les magasins de nouveautés absorbaient trop ces filles pour qu'elles eussent le temps de rien nettoyer.

JEANNE.

Maman !

SUZANNE.

Quoi, ma chérie ?

JEANNE.

Les verres, ils ont des bouches !

LORMEAU.

Qu'est-ce qu'elle veut dire ?

SUZANNE, *essuyant.*

Oh ! rien ! Que les verres sont sales.

LORMEAU.

Quel taudis, mon Dieu !

SUZANNE.

Là ! nous n'attendons plus que le dîner.

LORMEAU, *se levant, lui prenant les mains.*

Merci. Ah ! je vais être bien heureux ! Vous ne m'abandonnerez pas, hein ? D'abord, il va falloir que vous veniez demeurer dans le quartier.

SUZANNE.

Oh ! mon oncle...

LORMEAU.

Mais si ! près de moi. Nous nous verrons tous les jours.

Tu n'auras plus peur de venir, maintenant? J'ai balayé. Ah ! je suis bien content que tu aies assisté à l'opération !

SUZANNE. *On sonne. — Elle sort et revient tout de suite, suivie d'un pâtissier qui s'en va après avoir vidé son panier.*

C'est le dîner. A table ! (*Ils s'assoient. Suzanne les sert.*)

LORMEAU.

Crois-moi si tu veux : il y a dix ans que je rêve ce dîner! Ah! tu as bien fait de ne pas abdiquer ta fierté! Mais étais-je stupide de croire une alliance, une vie commune possibles entre une petite femme distinguée comme toi et... ce fretin!

SUZANNE.

Ne parlons plus de cela. Qu'est-ce que vous avez l'intention de faire, voyons?

LORMEAU.

Ah! si tu voulais!... Le foyer réédifié!... Enfin, nous verrons... avec le temps... Eh bien! je vais prendre une bonne. Je la veux vieille, par exemple. Tâche de me dénicher cela, toi. Et puis, tu viendras souvent, tu dirigeras les réformes, la restauration de l'intérieur. Et si, plus tard, le nid que je t'aurai, brin à brin, laissé refaire, si ce nid te plaît..., je te demanderai de t'y installer. Moi, je me ferai tout petit... dans un coin. Je m'habituerai à tenir peu de place, afin que vous ne vous aperceviez pas de mon départ... quand je m'en irai.

SUZANNE.

Mais, mon oncle...

LORMEAU.

Laisse donc!... Je serai bientôt trop vieux pour qu'on jase! Ce n'est pas parce que je ne puis plus offrir l'aile qu'il faut refuser le nid... Non, tout est préférable à la vie que je menais! Tu ne sais pas. Cette ruine où la maison s'abîmait est une œuvre longue et patiente. Quand j'ai perdu ta tante, Élodie m'a servi seule pendant quelques années. Nous avions une couturière deux fois par semaine. Ensuite, nous avons eu une femme de charge toute la journée. Enfin, la nièce est venue à demeure et toute la famille derrière elle, faisant la pelote... Si tu savais! Mais il y a des choses que je ne peux pas te dire!

SUZANNE.

Je sais, mon oncle. Vous étiez la proie d'une rate... et de ses petits. La gouvernante, c'est l'envahisseuse du nid des autres, la rongeuse faisant son trou dans le fromage du voisin. Chaque jour, elle pénètre plus avant, et quand vous vous apercevez des ravages qu'elle y cause, il est déjà trop tard pour la déloger. Elle se fait petite, d'abord. Mais, le passage frayé, elle trotte, cabriole, vit largement. Quand quittera-t-elle son fromage, votre maison? Le jour où il n'en restera plus que les quatre murs, la croûte!

LORMEAU.

C'est vrai, et la démolition est rapide, quand cette ruine n'est pas seulement le fait d'un seul rongeur, mais d'une immigration. La rate, vieillie, fait : « Psitt! » à sa famille. Elle a des dents mauvaises qui ne peuvent plus mordre... Bah! ses petits ont, Dieu merci, de bonnes quenottes qui lui mâcheront la nourriture!... Ah! ne plus entendre ce grignotement, voilà qui va me sembler bon!

SUZANNE.

Mais ne craignez-vous pas de vous ennuyer, de retomber brusquement d'une existence un peu bruyante dans le calme que vous rêvez?

LORMEAU.

Oh! j'aurai des distractions! Je n'en manquerai pas. Ces femmes ne m'étaient pas à ce point indispensables. Je sortirai beaucoup. Je retournerai à la Bourse. J'y arrondirai ta dot, ma Jeannette. J'ai de vieux amis... J'ai... (*Il cherche. Silence.*) Ah! certainement, je ne pourrais plus rester seul, tout seul! Le tête-à-tête avec le passé, quand on est vieux, c'est comme si l'on jouait la comédie devant une salle où tout le monde dormirait : c'est trop triste.

SUZANNE.

Il y a une comédie que vous pouvez jouer encore, mon oncle, et devant des spectateurs qui ne dorment pas. (*Montrant Jeanne.*) Ceux-là!

LORMEAU.

C'est vrai. Le guignol, c'est la dernière création de l'aïeul! (*Se secouant.*) Tiens, Suzanne, joue-moi quelque chose.

SUZANNE.

Volontiers. (*La petite va s'asseoir sur les genoux de Lormeau, qui s'est transporté à gauche dans le fauteuil.*) Que voulez-vous que je joue?

LORMEAU.

Oh ! ce que tu voudras. Il y a si longtemps que j'entends l'air de Marlborough avec un doigt!...

SUZANNE.

Les *Anges Gardiens*, de Schumann, voulez-vous? (*Elle chante.*)

A l'heure où les petits enfants
S'endorment dans leurs beaux draps blancs,
Deux chérubins toute la nuit
Veillent au pied de leur lit
Sans bruit.

La petite Jeanne couche sa tête sur l'épaule de Lormeau et ferme les yeux.

LORMEAU.

Le voilà réédifié, le foyer!... On a beau être vieux, il y a une chose qui se répète toujours sans rabâcher : c'est le cœur!

SUZANNE, *continuant.*

Quand l'aube vient rouvrir leurs yeux,
Les anges remontent aux cieux,
Et de son trône le bon Dieu
Sourit à ses petits
Amis!

Jeanne s'est endormie. On frappe, Suzanne se lève pour aller ouvrir. Jeanne se réveille.

SCÈNE VII

LES MÊMES, LA CONCIERGE.

LA CONCIERGE.

Une lettre pour vous..., personnelle..., monsieur Lormeau.

LORMEAU, *la prenant.*

Pas de timbre... Qui l'a apportée?

LA CONCIERGE.

Le beau-frère de la gouvernante de Monsieur..., monsieur Élisée Rock, je crois.

LORMEAU.

Ah! bien... (*Lisant.*) « *LE FURET.* Renseignements confidentiels. » ... Jeanne, ma chérie, va jeter cela dans la cheminée. (*Jeanne obéit.*) Est-ce tout?

LA CONCIERGE.

Non, monsieur. Mam'zelle Élodie en s'en allant a laissé ceci pour vous. Elle a dit qu'elle viendrait demain chercher ce qui lui est dû et prendre ce qui lui appartient contre remise des clefs qu'elle a gardées.

SUZANNE.

Elle a gardé les clefs?

LA CONCIERGE.

Oui, madame.

LORMEAU.

N'importe. Elle n'aurait pas le front de se représenter. D'ailleurs, je ne la recevrais pas. Je ne veux pas la voir. Vous ferez un paquet de ses hardes, que vous garderez chez vous. Je vous donnerai aussi son compte réglé. Allez! (*La concierge sort.*)

SCÈNE VIII

LES MÊMES, *moins la concierge.*

LORMEAU.

Son compte..., voyons cela... Ah! sais-tu combien elle me réclame, Suzanne?

SUZANNE.

Non, combien?

LORMEAU.

Cinq cents francs. Argent avancé pour dépenses du mois, gages, etc... Il y a peut-être des intérêts pour avoir injurié sa mère. Hein! Tu as entendu: « Vieille sorcière! » Ah! celle-là m'agaçait, par exemple!

SUZANNE.

Nous allons vous quitter, mon oncle.

LORMEAU.

Déjà?

SUZANNE.

Il est tard et Jeanne est fatiguée.

LORMEAU.

Eh bien, voyons, peux-tu revenir demain?

SUZANNE.

Mais oui...

LORMEAU.

Tu mettras un peu d'ordre ici, pendant que j'irai chez mon notaire. Je puis mourir d'un jour à l'autre...

SUZANNE.

Oh! mon oncle!

LORMEAU.

Laisse donc! Il y a un plaisir double à faire le bien... quand on répare une injustice..., je devrais dire : une bêtise... Heureusement, ce notaire est de bon conseil; il y voyait clair... Si je l'avais toujours écouté... Ah! il sera bien content; c'est un brave homme!

SUZANNE.

Bonsoir, mon oncle. Et si vous avez besoin de moi, envoyez-moi votre concierge..., je ne demeure pas si loin...

LORMEAU.

Il faudra te rapprocher encore, entends-tu?

SUZANNE.

Peut-être... Nous verrons cela... A demain! (*Elle prend Jeanne sur ses bras.*)

LORMEAU.

A demain... Attendez que je vous éclaire... Et merci encore! (*Il les reconduit, les éclaire avec la lampe dans l'antichambre, et rentre.*)

SCÈNE IX

LORMEAU, *seul. Il fait quelques pas, jette les yeux autour de lui, semble effrayé de la solitude, retourne verrouiller la porte, revient s'asseoir, se lève, frissonne, se boutonne étroitement comme transi, puis remonte vers la cheminée et essaie de ranimer le feu sans y parvenir; il s'oublie alors et crie.*

Elodie!... (*Il s'aperçoit de sa distraction, reste un moment hébété, se rappelant des choses... Il cherche autour de lui, va ouvrir les portes des chambres, voit tout à coup sur une chaise, au fond, la robe que Marthe y a laissée, la prend, l'embrasse éperdument, et tombe sanglotant sur un siège. On frappe. Il se lève, prête l'oreille. On frappe derechef.*) Qui est là? (*Voix de Marthe au dehors:*) C'est moi... Nos robes... (*Transfiguration de Lormeau, il se précipite, en criant:*) Voilà, j'ouvre!... (*Le rideau tombe sur l'entrée d'Élodie et de Marthe.*)

ACTE III

Chambre de Lormeau. La porte du fond ouvrant sur la salle à manger, entre une bibliothèque et un coffre-fort. — A droite, cheminée. — Au milieu, table recouverte d'un tapis autour de laquelle sont assises Élodie et Marthe. — A gauche, une alcôve, lit invisible.

SCÈNE PREMIÈRE

LORMEAU, MARTHE, ÉLODIE,
LA MÈRE FIQUET. (*Élodie allume la lampe pour la veillée.*)

A gauche, Lormeau, très vieilli et très affaissé, dans un large fauteuil. A l'opposite, la mère Fiquet au fond d'une chaise roulante.

MARTHE, *jetant le journal sur la table. A Lormeau.*

Ça vous amuse, vous, ce feuilleton où il n'arrive rien ?

LORMEAU, *gravement.*

Oui..., quand c'est vous qui le lisez.

LA MÈRE FIQUET.

Eh bien! moi, ça ne m'amuse pas!... Je n'entends rien!

ÉLODIE, *s'asseyant.*

C'est une raison, maman!

LA MÈRE FIQUET.

Mais j'aime ça tout de même. Ça me rappelle la veillée chez nous, du temps que Marthe y était encore. Ton père, tiens, le pauvre défunt que Dieu garde, était comme qui dirait à la place de Lormeau, là, oui. (*Essuyant un pleur.*) Les bons s'en vont!

ÉLODIE, *faisant une réussite.*

Roi de pique, dame de pique!...

MARTHE, *penchée sur elle, battant des mains.*

Mariage!

LORMEAU, *timidement.*

Alors, c'est fini, ce feuilleton?

MARTHE, *brutalement.*

Non, ça recommence tous les jours! C'est le même depuis trois ans!... Vous ne vous en êtes pas encore aperçu?

LA MÈRE FIQUET.

Les faits-divers, ma petite Marthe... Défunt mon homme les a bien aimés.

MARTHE, *reprenant le journal et se tournant vers elle.*

Rien d'intéressant, aujourd'hui, maman Fiquet. (*Parcourant des yeux.*) Une femme a encore jeté un bol de vitriol au visage de son amant qui se promenait au bras d'un ami. C'est l'ami qui a été défiguré... « Le carrefour des écrasés. » Une vieille femme... Ah! tu sais, ma tante, ce que dit Élisée? Que les reporters à court de copie se cotisent pour acheter la « vieille femme » qui se laissera écraser!

LA MÈRE FIQUET.

Eh bien! moi, je ne croirai jamais cela!

LORMEAU.

Elodie, ce feu a besoin d'être ranimé. Si on remettait une bûche?

ÉLODIE, *sans l'entendre.*

Valet de cœur : jeune homme blond!

MARTHE, *riant. A Élodie.*

Théodule!

ÉLODIE.

Théodule, c'est le roi de pique!... Dix de trèfle et as retourné : héritage!

LORMEAU, *qui s'est levé péniblement pour aller tisonner le feu.*

Et neuf et huit de pique : mort!

LA MÈRE FIQUET, *se soulevant.*

C'est pour moi, qu'il dit cela? Vous savez, l'ami, après vous!

ÉLODIE.

Voyons, maman! (*A Lormeau.*) Eh bien! qu'est-ce que vous faites là?

LORMEAU, *redescendant s'asseoir.*

Vous le voyez, je viens de remettre une bûche.

ÉLODIE.

Parce que je n'ai pas répondu tout de suite?... Ah! quel caractère!

MARTHE.

Un bézigue, tante?

ÉLODIE.

Mais oui. (*Marthe donne les cartes.*)

LA MÈRE FIQUET.

Élodie!

ÉLODIE.

Maman?

LA MÈRE FIQUET.

Tu ne trouves pas qu'on étouffe, ici? Si l'on ouvrait la porte de la salle à manger? (*Lormeau tousse par intermittences depuis le commencement de la scène.*)

ÉLODIE.

Parfaitement. (*Elle se lève, va ouvrir la porte du fond et revient vers sa mère.*) Mais tu ne crains pas le froid aux jambes? Attends. (*Elle va chercher une couverture sur le bras du fauteuil de Lormeau.*) Vous ne vous en servez pas, hein? (*Elle retourne en envelopper les jambes de sa mère, puis reprend sa place à la table près de Marthe. Elles jouent.*)

LORMEAU, *ramenant sur ses genoux les pans de sa robe de chambre.*

Les soirées sont fraîches.

MARTHE.

Ah! vous, du feu au mois de juin, vous endurez cela! On ne peut pourtant pas rôtir!... Quarante de bézigue et vingt de cœur. Je marque soixante.

LORMEAU.

Est-ce que vous ne trouvez pas que monsieur Rock est en retard?

ÉLODIE, *jouant toujours.*

Je vous ai déjà dit qu'Élisée ne pouvait pas être ici avant sept heures; il est parti à deux heures, n'est-ce pas? Eh bien! comptez un peu. (*S'arrêtant.*) Soixante de dames... (*Reprenant.*) Il a dû aller au Crédit lyonnais, à la Banque, puis chez votre agent de change.

MARTHE, *jouant.*

Et les places au théâtre?

LORMEAU.

Quelles places?

ÉLODIE.

Des places que lui a promises un ami. Maintenant, il doit encore ramener Théodule, lorsqu'ils auront dîné.

LORMEAU.

Ah! ils dînent dehors ensemble?

ÉLODIE.

Dame! puisque vous n'avez pas voulu que nous les attendions!

LORMEAU.

Je n'ai pas voulu ? C'est votre mère...

MARTHE.

Enfin, on ne peut pas être aux ordres de tout le monde ! Et puis, joue-t-on, oui ou non ?

ÉLODIE.

On joue. Croirait-on pas qu'il va vous les manger au café, vos cinquante mille francs de primes et de coupons ? Son agence vaut plus que ça, depuis qu'il tient les décorations étrangères !

LORMEAU.

Et ça va mieux que les coffres-forts, cette agence qu'il a reprise ?

ÉLODIE.

Mais oui. (*S'oubliant.*) Il fabrique beaucoup... beaucoup de prospectus pour attirer l'attention du commerce sur lui. (*Annonçant :*) Deux cent cinquante...

LORMEAU.

Est-ce que le laitier est venu ?

ÉLODIE.

Est-il assommant !... Oui. Vous attendrez bien que nous ayons fini notre partie, hein ?

LA MÈRE FIQUET.

Et ma tisane, à moi ?

ÉLODIE, *se levant précipitamment.*

Ah ! c'est vrai ! Pauvre maman ! Je l'oubliais ! (*Elle va

au fond, prépare sur une petite table, au moyen d'une lampe et d'un appareil portatif, un breuvage.)

LORMEAU, *avec effort.*

Pourquoi Théodule vient-il aujourd'hui ? Vous l'avez vu hier !

ÉLODIE.

Est-ce un reproche ?

LORMEAU.

Vous savez bien que je ne reproche rien, rien... Seulement, je suis vieux. Je ne comprends pas toujours le pourquoi des choses. Alors je demande... qu'on m'explique. Il ne faut pas m'en vouloir. J'ai baissé..., depuis une année surtout, bien baissé !...

MARTHE.

Il en a pour longtemps encore ?

ÉLODIE.

A quoi ?

MARTHE.

A se plaindre.

LORMEAU, *continuant comme se parlant à lui-même.*

Il ne m'a rien fait, Théodule, rien fait... Je voulais dire simplement qu'on le voit souvent depuis quelque temps. (*Élodie fait signe à Marthe, qui veut parler, d'écouter le vieillard.*) Je me demande s'il n'aurait pas mieux valu qu'il retournât au pays à sa sortie du régiment, au lieu de faire vingt places dans Paris et de n'en garder aucune... Les jours se suivent et se ressemblent...

ÉLODIE.

Là! nous y sommes! Reprochez-moi donc aussi les repas qu'il prend ici! Faut-il que je vous les rembourse? Les avez-vous comptés?

LA MÈRE FIQUET.

Ce pauvre enfant qu'a mangé si bravement sa gamelle pendant un an!

MARTHE.

Ah! oui, c'est trop, à la fin! (*Elle se lève.*) Moi, je m'en vais : j'en ai assez entendu!... On me ferait dire des choses...

ELODIE.

Emmène maman.

LA MÈRE FIQUET.

Je vous l'ai dit : v'là comme on est récompensé du mal qu'on se donne! (*Marthe sort en poussant le fauteuil roulant de la bonne femme.*)

SCÈNE II

ELODIE, LORMEAU.

ÉLODIE.

Eh bien! êtes-vous content?

LORMEAU, *inquiet.*

Est-ce que Marthe est fâchée ?

ÉLODIE.

On le serait à moins. Il faut n'avoir pas de cœur pour frapper ainsi une jeunesse dans ce qu'elle a de plus... délicat : son affection pour l'homme à qui...

LORMEAU, *atterré.*

Son affection?... Quelle affection ?

ÉLODIE.

Ah! si vous ne voyez rien!...

LORMEAU.

Je vois que je suis bien malheureux!

ÉLODIE.

A qui la faute? Car, enfin, il faudrait s'entendre : qu'avez-vous à reprendre dans la conduite de Théodule ? Ses assiduités auprès de nous? Allez, rassurez-vous, elles s'adressent moins à votre table qu'à...

LORMEAU.

Ai-je dit cela ?

ÉLODIE.

Alors vous avez compris qu'il vient pour Marthe, et que ces enfants s'aiment ?

LORMEAU, *accablé profondément.*

Oui.

ÉLODIE.

Ah ! vous pouvez être tranquille !... Théodule est honnête. Et, d'ailleurs, nous ne l'aurions pas reçu ici si nous n'avions connu ses intentions à l'égard de Marthe.

LORMEAU.

Vous dites : ses intentions ?

ÉLODIE.

Il l'a demandée en mariage.

LORMEAU, *se levant avec violence.*

Jamais ! jamais !

ÉLODIE.

Pourquoi ?... Je l'ai autorisé à faire sa cour, et il épousera Marthe quand je pourrai l'aider à s'établir. Il a en vue un commerce de grains. Les grains, ça le connaît !

LORMEAU.

Jamais !... Ah ! vous ne me connaissez pas encore ! Vous l'aideriez à s'établir, comme vous dites, si j'étais mort, parbleu ! Mais je suis vivant, Dieu merci !

ÉLODIE.

Vous avez bien tort de vous emporter.

LORMEAU.

Ah çà ! vous ne les avez donc jamais regardés ? Marthe, à ce lourdaud ! Ah ! je sais ce que vous allez répondre : que le régiment l'a dégrossi, que ce n'est plus ce paquet...

ÉLODIE.

Ah! dites donc, ce paquet, c'est mon neveu!

LORMEAU.

Enfin, ils ne sont pas faits l'un pour l'autre; tout les sépare... Voilà! (*Il retombe assis.*)

ÉLODIE, *impassible.*

Vous me permettrez de n'être pas du même avis. Ah! si vous me disiez que Théodule n'a pas encore de position, que présentement son mariage avec Marthe ne lui en fait pas une, qu'ils peuvent attendre un peu...

LORMEAU, *avec force.*

Il peuvent attendre toujours!

ÉLODIE.

Parce que?

LORMEAU.

Parce que je ne veux pas, parce que je ne les vois pas au bras l'un de l'autre; non, je ne les vois pas!

ÉLODIE.

Mauvaise raison. Ils feront un couple charmant, au contraire.

LORMEAU, *dans le fauteuil.*

Veux-tu te taire! (*Douloureusement.*) Tu ne comprends donc rien?

ÉLODIE, *toujours calme.*

Non. Je ne sais de quel droit vous vous opposez à ce

mariage... raisonnable. Mon consentement suffit, heureusement!

LORMEAU.

Alors, moi, je ne suis rien, rien pour elle?

ÉLODIE, *se levant.*

Et qu'est-ce que tu serais? (*Le regardant au fond des yeux.*) Dis-le donc! (*Il baisse la tête sans répondre.*) Quand tu nous as jetées à la porte, est-ce que nous étions quelque chose pour toi? Est-ce que je comptais, le jour où je t'ai trouvé aux pieds de Marthe, prêt à me sacrifier sur un signe d'elle?... Ne te défends pas... Je l'ai confessée... J'en sais long. Et ce qu'elle ne m'a pas dit..., je le devine. Elle pouvait me faire chasser d'ici. Mais nous avons toujours été une famille bien unie, nous! Un service en appelle un autre. Ma nièce épousera son cousin... sans ta permission.

LORMEAU.

Sans ma permission, soit, mais non sans ma dot, car je l'ai dotée, tu le sais bien.

ÉLODIE.

Ce ne sont point mes affaires. (*Elle s'est assise et joue avec les cartes.*)

LORMEAU.

Crois-tu?... Quand je suis revenu de chez le notaire, le lendemain du jour abominable où ton beau-frère m'a apporté ces lettres qui ont ébranlé ma croyance dans la paternité de mon neveu, ces lettres dont j'avais brûlé les copies, mais dont il avait, dit-il, gardé les originaux...

ÉLODIE.

Un fier service qu'il vous a rendu là !

LORMEAU.

Je ne sais pas... Ce jour-là, tu m'as embrassé en pleurant. Tu avais bien compris, n'est-ce pas? que c'était fini, que le vieux s'était exécuté, qu'à l'exclusion de tout autre, il vous faisait riches. Ah ! je m'en suis bien aperçu depuis!

ÉLODIE.

Enfin, Marthe et Théodule sont des promis d'il y a... des années. Je comprends bien tes sous-entendus, va !... Théodule recherche sa cousine parce qu'il prévoit qu'elle sera riche? Mais quand il a demandé sa main, savait-il que ton legs l'avantagerait? Alors, toutes tes raisons, c'est ça, tiens : un château de cartes! (*Elle souffle sur la construction qu'elle a édifiée en jouant.*) Et puis, qu'on les laisse commencer : on verra si leur argent ne fait pas la boule de neige.

LORMEAU.

Leur argent?

ÉLODIE.

Encore! Voilà ce qui te tient tant au cœur, avoue-le donc ! Tu te paies les intérêts avec des reproches. Ah ! si j'étais assez riche pour constituer à Théodule une dot égale à celle qu'aura Marthe !

LORMEAU, *éclairé, riant d'un rire forcé.*

Imbécile !... Je ne trouvais pas !... C'est cela, c'est

cela!... L'établissement de Théodule devait m'incomber aussi! (*Froid.*) Seulement il arrive trop tard : le partage est fait! Il ne me reste rien, rien pour lui!

ÉLODIE.

Quelle folie!

LORMEAU.

Il te faut des chiffres? le numéro des titres? Est-ce que vous ne connaissez pas tout cela mieux que moi, toi et Marthe? Elle a mes clefs. Vous savez toutes deux ce que je vous laisse..., à un meuble près. La maison est à vous; j'y suis chez vous. On la soigne mieux que moi. Moi, je suis comme la bibliothèque dont on n'essuie plus les rayons parce que je l'ai donnée à Suzanne, — oh! une restitution! tous les livres me venaient de son mari!... Eh bien! puisque le reste vous appartient, prenez-le! Rognez, taillez là-dedans la part de Théodule. Je vous demande de me laisser seulement le tapis sur lequel je crèverai un de ces jours, comme un chien malade.

ÉLODIE, *près de la porte par où est sortie Marthe.*

Ma foi, je vais lui envoyer Marthe... Ils s'arrangeront toujours. (*Elle sort.*)

SCÈNE III

LORMEAU *seul, puis* MARTHE.

LORMEAU, *relevant la tête.*

Eh bien ! elle est partie ? (*Il fait un mouvement vers la porte.*)

MARTHE, *entrant.*

Ma tante me dit que vous désiriez me voir, monsieur Lormeau.

LORMEAU, *se rasseyant.*

Moi ? Mais...

MARTHE, *près de lui, la main sur son épaule.*

Quoi donc ! on n'est plus gentil, on ne m'aime plus ?

LORMEAU, *vivement.*

Je n'ai pas dit cela.

MARTHE.

Mais si ! Ma tante m'a assuré que vous vous opposiez à mon mariage avec... Théodule.

LORMEAU.

C'est faux !

MARTHE.

Ma tante a donc menti ?

LORMEAU, *sous le regard de Marthe.*

J'ai dit que je ne voulais pas... tout de suite.

MARTHE.

Ah!... bien!

LORMEAU.

Par exemple, rien ne me fera revenir là-dessus.

MARTHE, *s'asseyant auprès de lui.*

Êtes-vous méchant! Je vous ai pourtant souvent entendu dire à ma tante : « On pourrait vivre si heureux! » Ne niez pas : c'est un de vos mots favoris et qui prouve bien votre bon naturel, votre désir d'arranger les choses à la satisfaction de tous...

LORMEAU.

A la satisfaction des autres, oui!

MARTHE, *faisant le geste de se lever.*

Si vous ne voulez pas m'entendre...

LORMEAU, *cherchant à la retenir.*

C'est au contraire parce que je veux t'entendre toujours, que je viens d'avoir cette scène...

MARTHE, *se levant.*

Allons! quand vous serez moins exaspéré...

LORMEAU, *la retenant debout devant lui.*

Non, reste! Puisqu'il faut avoir une explication, autant que ce soit maintenant. Écoute-moi. Marthe, tu sais mon âge? Peut-être n'en ai-je plus que pour quelques mois... Oh! un de plus, un de moins!...

MARTHE, *s'asseyant.*

Décidément, vous avez vos papillons noirs, ce soir! Vous n'en êtes point là.

LORMEAU.

J'en suis là. Comprends-tu maintenant pourquoi je te demande d'attendre, de patienter? C'est donc un délai certain que tu veux? Mais, je ne peux pas, voyons, je ne peux pas! On se trompe... et l'on arrive à donner la pensée qu'on a menti, qu'on ne se dépêche pas assez!

MARTHE.

Oh!

LORMEAU.

Imagine donc que j'avais fait ce rêve de finir entre vous deux, que j'ai tout sacrifié à ce désir : ma famille, toutes mes relations... Ce n'est donc rien?... Et tu t'en irais, sans te retourner, sans un regard, sans une bonne parole au « vieux »? Ne te défends pas : je t'ai entendue m'appeler ainsi avec ta tante!

MARTHE.

Enfin, qu'est-ce qu'il vous a fait, Théodule, pour que vous le détestiez ainsi?

LORMEAU.

Je ne le déteste pas... Lui ou un autre!... Je ne les connais pas par leur nom. Ils s'appellent : ton mari... Et un mari, Marthe, ça vous prend tout entière! Est-ce que j'aurais la joie de t'avoir auprès de moi, les souhaits de ton bonjour le matin, le bruit de ta robe et de tes rires le soir, ta présence toute la journée auprès de ma vieille personne, triste et rabâcheuse, mais bien aimante aussi, va! Quand tu seras mariée, est-ce que je compterai, moi? Je n'aurai pas même les bribes de ton affection!

MARTHE.

Mais je ne vous quitterai pas tout à fait. Si vous vouliez, j'habiterais ici avec Théodule, les premiers temps. (*Un temps.*) Il n'y aurait rien de changé...

LORMEAU.

Tu l'aimes donc bien? (*Silence de Marthe. Désespérément:*) Voyons, il est jeune, il peut attendre, lui! Et puis, je suis riche; tu sais ce que tu auras après moi... Vous n'aurez pas besoin de vous établir : vous pourrez vivre tranquilles à ne rien faire.

MARTHE.

Je croyais, au contraire, que ça ne vous déplairait pas de me savoir heureuse avant de vous en aller.

LORMEAU.

Ah! qu'est-ce qu'il faut donc que je fasse pour que tu restes? Dis-le. T'ai-je jamais rien refusé? Je vous ai livré, à ta tante et à toi, la maison sans conditions; j'ai abdiqué tout pouvoir entre vos mains, rien que pour te garder, pour t'avoir là, pour te respirer! N'est-ce pas assez? Que veux-tu de plus? Il y a donc ici quelque chose que je ne t'ai pas encore donné?

MARTHE, *froide.*

Je ne demande rien, je n'ai jamais rien demandé.

LORMEAU.

C'est mon testament qui est mal fait? Faut-il que je le récrive?... Je ne vois plus ma nièce, je ne reçois que la famille d'Élodie, la tienne... Je cherche... Je ne trouve plus rien, je ne m'appartiens pas moi-même!

MARTHE, *la voix changée.*

Allons! ma tante avait raison, c'est un parti pris!

LORMEAU, *lui prenant les mains.*

Mais rappelle-toi donc...

MARTHE, *hardie et brutale.*

Quoi?

LORMEAU.

Des concessions... réciproques et qui me semblaient... inoubliables.

MARTHE, *impassible.*

Je ne sais ce que vous voulez dire.

LORMEAU.

Enfin, vous ne me laissiez pas seul... comme maintenant; tu ne sortais pas toujours... avec ta tante.

MARTHE.

J'ai eu tort.

LORMEAU, *vivement.*

Tu vois bien : tu te souviens!

MARTHE, *se dégageant.*

Ah! laissez-moi! (*Elle remonte pour sortir.*)

LORMEAU, *la poursuivant.*

Marthe, écoute-moi..., reste !

MARTHE, *s'arrêtant et tendant la main vers la glace qui surmonte la cheminée.*

Ah çà ! mais regardez-nous donc ! (*Elle ricane.*)

LORMEAU, *après un moment d'effarement.*

Ton dernier mot ?

MARTHE, *près de la porte.*

C'est : non !

LORMEAU, *éclatant, mais cherchant son mot.*

Ah ! petite... petite... saleté !

SCÈNE IV

LES MÊMES, ELODIE, THÉODULE, ELISÉE.

ÉLODIE.

Ne vous impatientez pas : ils arrivent enfin !

THÉODULE.

Bonsoir, tante ; bonsoir, Marthe !

ÉLISÉE.

Bonsoir, monsieur Lormeau !

LORMEAU, *encore tremblant.*

Bonsoir! (*Élodie, Théodule et Marthe, à droite, causent.*)

ÉLISÉE.

Ah! nous réglons ce compte tout de suite, hein? (*Il s'asseoit devant Lormeau.*) Nous disons cinquante mille... Si vous voulez examiner avec moi le bordereau. (*Il se penche vers Lormeau, distrait et qui, par-dessus son épaule, observe le groupe formé à droite par les deux femmes et Théodule.*)

MARTHE, *à Théodule.*

C'est pas une cravate que tu as là, c'est une ficelle! Laisse-moi... (*Elle refait son nœud de cravate pendant qu'il lui embrasse les doigts et les cheveux. Mouvement de Lormeau.*)

ÉLISÉE.

Vous me suivez, n'est-ce pas?

LORMEAU.

Oui... Allez!

MARTHE, *montrant Théodule.*

Regarde, ma tante.

ÉLODIE.

Oh! superbe!

MARTHE.

Qu'est-ce qu'on dit?

THÉODULE.

On dit : Merci.

MARTHE.

Ça, seulement? (*Il l'attire vers lui et l'embrasse.*)

LORMEAU.

Élodie !

ÉLODIE.

Eh bien ?

LORMEAU.

Faites-les donc finir.

ÉLODIE.

C'est pour cela que vous m'appelez ? Vous n'avez donc jamais été jeune ? Ils s'amusent, ces enfants ! (*Elle retourne vers eux.*)

ÉLISÉE.

Allons, je ne vous demande plus que deux minutes... Pointez avec moi les numéros des obligations : cent mille trois cent quatre-vingt-onze.

LORMEAU.

Cent mille trois cent quatre-vingt-onze.

MARTHE.

N'est-ce pas, tante, que c'est dans la « Clef des songes, » la signification des grains de beauté ?

ÉLODIE.

Oui, je crois.

MARTHE, *à Théodule.*

Ah ! tu vois !... Donne-moi le livre, tante. (*Élodie remonte au fond le chercher.*)

THÉODULE, *penché sur elle, lui effleurant l'oreille.*

Alors... là... un signe, ça veut dire ? (*Lormeau se lève.*)

ÉLISÉE, *se retournant.*

Ah çà! dites donc..., les tourtereaux..., si vous vouliez bien ne pas nous distraire...

MARTHE, *à qui Élodie a rapporté le livre.*

Assieds-toi là, Théodule, à côté de moi; nous allons chercher ensemble.

ÉLISÉE.

Monsieur Lormeau...

LORMEAU, *passant au milieu, après avoir serré les billets.*

Bien..., le compte y est..., je vous remercie.

MARTHE, *montrant ses bras et son cou à Théodule.*

Là..., c'est richesse!... là.

LORMEAU, *à Élodie, au milieu.*

Oh! qu'ils finissent!

ÉLODIE.

Dame..., il y aurait un moyen..., le seul... Ce serait de les marier tout de suite!

LORMEAU.

Ah! ce que vous voudrez..., mais qu'ils finissent!

ÉLODIE.

Vrai?... vrai?... Marthe!... Théodule!... Soyez raisonnables!... (*Ils se séparent.*)

LORMEAU, *tombant assis.*

Mon Dieu!

ÉLODIE, *derrière lui, insinuante.*

Seulement... Voilà... Tout cela est plus facile à dire qu'a exécuter!... Ils n'ont rien..., ces enfants..., pour commencer... Si j'étais riche, certainement... Enfin, Théodule a besoin d'être aidé... Dans le commerce, vous savez ce que c'est..., une première mise...

LORMEAU.

Une première mise..., oui..., nous examinerons cela ensemble...

ÉLODIE, *le suivant.*

A la bonne heure! Je vous retrouve!... Marthe, Théodule, venez remercier monsieur Lormeau: il consent à votre mariage.

MARTHE.

Est-ce possible? (*Venant à lui.*) Que vous êtes bon! (*Elle lui prend une main.*) Je vous devrai mon bonheur!

THÉODULE, *s'approchant.*

Monsieur Lormeau, ma reconnaissance... (*Il cherche à lui prendre l'autre main qu'il retire.*)

LORMEAU.

Vous êtes contente, Marthe?

MARTHE.

Bien contente..., et je vous aime bien!

THÉODULE.

Nous vous aimons tous!

ÉLODIE.

Il le sait bien, allez!

ÉLISÉE, *passant derrière lui, et lui tapant sur l'épaule.*

Vous serez parrain, monsieur Lormeau.

ÉLODIE.

Ah! mes enfants, maintenant que vous voilà tous casés, je suis heureuse!

ÉLISÉE, *à Élodie.*

Toi..., il te sera beaucoup pardonné parce que tu auras beaucoup aimé... ta famille!

MARTHE.

C'est pas tout ça..., nos billets de théâtre, Élisée?

LORMEAU.

Hein?

ÉLISÉE.

Je n'en ai pas.

MARTHE, *désappointée.*

Ah!

ÉLISÉE.

Seulement... nous avons imaginé une chose... Je dis nous, mais l'idée est de Théodule!

MARTHE.

Ah! voyons...

THÉODULE.

Il y a une fête foraine dans le quartier. Nous vous conduirons dans les baraques.

MARTHE, *battant des mains.*

Ah ! c'est gentil, ça ; n'est-ce pas, tante ?

ÉLODIE.

Mais oui. (*Marthe, Théodule et Élisée causent et rient ensemble.*)

LORMEAU.

Ah ! vous aussi, Élodie ?

ÉLODIE.

Vous voulez que je laisse Marthe y aller seule ?

LORMEAU.

C'est vrai. Mais ce soir...

ÉLODIE.

Ce soir ? Raison de plus. Leur mariage est convenu : ils sont tout à la joie, ils s'amusent !

LORMEAU, *répétant sourdement.*

Ils s'amusent !... C'est que... je ne me sens pas bien, Élodie. Et rester seul toute cette soirée... Un autre jour, je ne dis pas...

ÉLODIE, *vexée.*

Allons, bien ! je n'irai pas !

MARTHE.

Quoi donc, tante ?

ÉLODIE.

Rien. Monsieur Lormeau ne veut pas que j'aille avec vous.

LORMEAU.

Je n'ai pas dit...

ÉLODIE.

Il est souffrant... Nous l'abandonnons!

MARTHE, *dépitée.*

Bon! le coup de la maladie! Ah! c'est être trop égoïste!

ÉLODIE.

Partez sans moi, mes enfants. Va t'habiller, Marthe.

MARTHE.

Ah! mais non! (*Venant à Lormeau, câline.*) C'est vrai? vous défendez à tante de nous accompagner, monsieur Lormeau?

LORMEAU, *la voix changée, se contenant après un grand geste.*

Non, au contraire, emmenez-la. Je n'ai pas besoin d'elle.

MARTHE.

Ah! tu vois bien! Je vais chercher ton manteau et ton chapeau. (*Elle sort.*)

SCÈNE V

LES MÊMES, *moins* MARTHE.

ÉLODIE, *après un regard échangé avec Élisée.*

Et puis, nous ne vous laissons pas seul. Maman vous tiendra compagnie... avec la concierge, que je vais prier de monter jusqu'à notre rentrée. Oh! nous ne reviendrons pas tard ; n'est-ce pas, Élisée ?

ÉLISÉE, *s'avançant.*

Non. Les représentations sont courtes. Un tour dans la fête seulement.

ÉLODIE, *entre Élisée et Théodule.*

Vous comprenez, avec tout cet argent que vous avez apporté, je ne suis pas tranquille... C'est un peu à toi, maintenant, Théodule... Laisse-moi faire.

THÉODULE, *inquiet.*

C'est vrai. Veux-tu que je reste ?

ÉLODIE.

Non. Avec maman... et la concierge, si maman s'endormait.

ÉLISÉE.

C'est plus prudent, en effet.

SCÈNE VI

LORMEAU, ELISÉE, THEODULE, *à droite, assis, lisant un journal par contenance,* MARTHE *rentrant avec* LA MÈRE FIQUET, ÉLODIE.

MARTHE.

Voilà, je suis prête.

ÉLODIE.

Maman a bien voulu rester avec monsieur Lormeau?

LA MÈRE FIQUET.

C'est pas que j'aime la société des vieux!... Mais pour vous être agréable... (*Elle s'asseoit à la même place qu'au commencement de l'acte.*)

ELISÉE.

Ah! c'est gentil!

MARTHE, *donnant à Élodie son manteau et son chapeau qu'elle a apportés et passant devant les deux hommes.*

Vous savez, on soupe ici, au retour. Vous avez dû si mal dîner!

ÉLODIE, *pendant que Marthe l'aide à s'habiller, à Lormeau.*

Vous ne désirez rien, avant que nous partions?

LORMEAU.

Rien... Merci.

ÉLODIE, *à Marthe.*

Il m'inquiète, décidément... Je le préférerais colère! Heureusement maman est là !

LA MÈRE FIQUET.

Madame Clément va monter?

ÉLODIE.

Oui, maman. (*Habillée.*) Allons, bonsoir!

ÉLISÉE, *au fond, avant de sortir.*

Bonsoir, monsieur Lormeau!

THÉODULE, *même jeu.*

Bonsoir, monsieur Lormeau! (*Ils sortent.*)

ÉLODIE, *à Marthe, avec qui elle se rencontre au moment de passer la porte.*

Tu ne lui dis rien?

MARTHE *hésite une minute, puis, descendant, s'arrête derrière le vieillard, se penche vers lui, et à demi-voix.*

Bonsoir, Lormeau! (*Elle sort.*)

SCÈNE VII

LORMEAU *à gauche dans son fauteuil*, LA MÈRE FIQUET *à droite, même position, puis* MADAME CLÉMENT. *Lormeau, sur le bonsoir de Marthe, se dresse, effrayant, la poursuit d'un geste de malédiction, et comme si les paroles étaient arrêtées sur ses lèvres, puis retombe sous le regard de la mère Fiquet, qui l'observe de biais.*

LA MÈRE FIQUET.

Eh bien! qu'est-ce qui vous prend? Voilà des façons avec une jeune fille! (*Un temps.*) Leur fête, comme si ça valait l'assemblée de chez nous! Avez-vous vu l'assemblée au pays, monsieur Lormeau? (*Silence.*) Quel ours! (*Au bruit de la porte qui s'ouvre au fond, elle se retourne. Entre Mme Clément.*) Ah! c'est vous, madame Clément? Venez vous asseoir là, auprès de moi. Vous avez apporté votre ouvrage? C'est bien! (*En regardant Lormeau, la tête sur la poitrine, immobile.*) Ne me parlez pas des gens à qui la fortune vient en dormant! C'est révoltant!

MADAME CLÉMENT.

Quand on a une nombreuse famille, il faut travailler!

LA MÈRE FIQUET.

N'est-ce pas? (*Visant Lormeau.*) C'est ce que nous lui avons toujours dit! (*Baissant la voix.*) Madame Clément?

MADAME CLÉMENT, *penchée vers elle.*

Madame?...

LA MÈRE FIQUET.

Voyez donc s'il dort, tout doucement.

MADAME CLÉMENT *se lève avec précaution, va regarder Lormeau presque sous le nez, sans qu'il bouge, et revient s'asseoir.*

Il dort...

LA MÈRE FIQUET.

C'est comme ça tous les soirs..., pendant que nous faisons le bézigue! Défunt Fiquet, lui, s'intéressait à la partie, au moins. (*Un temps.*)

MADAME CLÉMENT.

Alors..., c'est arrangé, les affaires?

MÈRE FIQUET.

C'est-à-dire que Lormeau est maintenant chez ma fille. Si je voulais coucher ici demain... Seulement, on sait vivre!...

MADAME CLÉMENT.

Oh! certainement.

LA MÈRE FIQUET.

Et ce n'est pas nous qui lui ferons sentir l'infériorité de sa condition... Mais il faut que nous lui en passions!

MADAME CLÉMENT.

Ah!

LA MÈRE FIQUET.

Depuis qu'il a tout donné, il est intraitable!

MADAME CLÉMENT.

Ah! il a tout donné?

LA MÈRE FIQUET.

Oui..., la maison, ici, à Élodie, avec une autre encore. La dot de Marthe...

MADAME CLÉMENT, *insinuante.*

Il aime bien mademoiselle Marthe?

LA MÈRE FIQUET.

Comme on aime... à son âge!... Je disais donc: sa dot, la remise d'une dette à Élisée... Enfin, Élodie m'a confié tout à l'heure qu'il se chargeait de l'établissement de Théodule... L'argent qu'il a touché aujourd'hui trouvera tout de suite son emploi. (*Elle ricane.*)

MADAME CLÉMENT.

Mais vous?...

LA MÈRE FIQUET.

Oh! moi, il me connaît, il sait que je n'aurais rien accepté.

MADAME CLÉMENT.

Alors, c'est par testament?

LA MÈRE FIQUET.

Par testament, oui..., même ça vous rend bien esclaves.

Élisée dit qu'un homme, dans ce cas-là, c'est comme un enfant en bas âge : faut jamais le laisser seul... Élodie a raison aussi ! Une donation entre vifs serait bien préférable... Et il faudra qu'il y vienne... pour notre tranquillité à tous !...

MADAME CLÉMENT.

Et... sa famille ?

LA MÈRE FIQUET.

Laquelle ?

MADAME CLÉMENT.

Mais... sa nièce...

LA MÈRE FIQUET.

Ah !... la fiérote ? Un jeudi qu'elle venait toucher leur pension à elle et sa fille, il lui a posé quelques questions dont elle s'est formalisée... Elle est partie avec son grand air... et on ne l'a pas revue depuis. Ah ! Élisée est un garçon précieux dans une famille !

MADAME CLÉMENT.

Ces dames vous laissent souvent seuls, maintenant, monsieur Lormeau et vous. Vous devez vous ennuyer ?

LA MÈRE FIQUET.

Nous ? Non. Nous nous regardons mourir !... Lui, c'est les poumons ; moi, les jambes. Oh ! il a de l'avance !... Vous ne trouvez pas, madame Clément, que sa chambre a besoin de réparations ? J'en ai parlé à Élodie. Elle m'a répondu : — « Oui, maman, quand tu y coucheras, c'est convenu. » (*D'une voix plus faible.*) Elle a toujours été bien bonne pour les siens, mon Élodie!... (*S'endormant et radotant.*) Oui, maman, c'est convenu...

LORMEAU, *appelant à voix basse.*

Madame Clément!

MADAME CLÉMENT, *sursautant.*

Hein?

LORMEAU.

Venez!

MADAME CLÉMENT.

Mon Dieu! m'avez-vous fait peur!

LORMEAU.

Une plume et du papier.

MADAME CLÉMENT *lui apporte un buvard sur les genoux et lui présente une plume qu'elle a d'abord trempée dans l'encre.*

Voilà, monsieur.

LORMEAU.

Cette lettre à faire porter tout de suite, vous m'entendez? Votre mari est en bas?

MADAME CLÉMENT.

Oui, je crois...

LORMEAU.

Eh bien! par lui-même, n'est-ce pas? Ne remontez pas.

C'est inutile. Si j'ai besoin de vous, j'appellerai..., je frapperai le plancher avec ma canne. Vous avez compris?

MADAME CLÉMENT.

Oui, monsieur. (*Sortant par le fond.*) C'est égal, s'il a entendu!

SCÈNE VIII

LORMEAU, LA MÈRE FIQUET *endormie.*

LORMEAU *se lève avec précaution et vient regarder dormir la vieille. Ricanant.*

Ça se refait, un testament, ma bonne..., quand on a de l'avance! (*Il remonte à pas muets vers le coffre-fort, cherche les clefs dans sa poche, s'arrête, le visage tout à coup décomposé.*) Les clefs?... C'est Marthe! (*Il redescend, boit un verre d'eau fraîche sur la table, cherche une seconde, égaré, les jambes faibles, s'asseoit, puis, tout à coup éclairé, fouille dans sa poche, en retire les billets de banque que lui a remis Élisée. Il remonte, va à la bibliothèque, prend sur les rayons quelques livres, qu'il y replace après avoir interfolié des billets en disant alternativement pour chacun :*) Pour Suzanne!... pour Jeanne!... Elles trouveront toujours cela en attendant : la bibliothèque est à elles!... Pour Suzanne!... pour... (*Sa voix s'altère; il porte la main à sa gorge, tourne sur lui-même, laisse tomber le livre qu'il tient, cherche un point d'appui, se traîne jusqu'à la fenêtre, dont il brise les vitres d'un coup de poing, rebondit d'un dernier effort jusqu'à la table, devant laquelle il vient tomber, et saisit les pieds d'un fauteuil pour frapper le plancher. Évanouissement.*)

LA MÈRE FIQUET, *s'éveillant au bruit des vitres.*

Il fait du bruit exprès... pour m'empêcher de dormir! Va, va, dormira bien qui dormira le premier!

SCÈNE IX

LES PRÉCÉDENTS, MADAME CLÉMENT.

MADAME CLÉMENT.

Quoi donc! mon Dieu! (*Apercevant Lormeau.*) Ah! le pauvre Monsieur!

LA MÈRE FIQUET, *toujours à moitié endormie.*

Sa pneumonie!... Je n'ai pas de pneumonie, moi!

MADAME CLÉMENT.

Je vais chercher du secours tout de suite. (*Elle sort.*)

SCÈNE X

LORMEAU, LA MÈRE FIQUET, *puis* ÉLODIE, MARTHE, ÉLISÉE *et* THÉODULE.

LA MÈRE FIQUET, *vaguement éveillée.*

Encore une nuit blanche pour Élodie!... Ah! on peut dire qu'elle a du tracas! (*Se rendormant.*) Moi, c'est les jambes... On vit vieux...

ÉLODIE, *au fond, dans la salle à manger.*

Tu vois, cette concierge! Toutes les portes ouvertes! Fiez-vous donc aux domestiques! (*Marthe, Élisée et Théodule paraissent derrière elle.*)

ÉLISÉE.

Nous vous attendons.

MARTHE.

Oui, dans la salle à manger!

ÉLODIE, *n'apercevant d'abord que la fenêtre ouverte.*

Ah! Marthe! le mauvais homme! Il s'est couché... et il laisse maman dans le courant d'air!

MARTHE, *allant au lit, voit Lormeau à terre et recule effrayée.*

Ah! tante!

ÉLODIE.

Quoi donc ?

MARTHE.

Là !...

ÉLODIE, *courant à Lormeau.*

Ah ! bon ! il s'est trouvé mal ! (*Élisée et Théodule entrent.*) Élisée, aide-moi donc à le mettre sur son lit.

LA MÈRE FIQUET, *se réveillant.*

Tiens ! vous rentrez ?

ÉLISÉE, *penché sur Lormeau.*

Attendez donc !... (*Se relevant.*) Il est mort !...

ÉLODIE.

La congestion pulmonaire que redoutait le médecin...

LA MÈRE FIQUET.

Alors, c'était pas la peine d'aller le chercher.

ÉLISÉE.

Théodule, aide-moi à le coucher. (*Théodule descend. Ils portent Lormeau sur son lit.*)

MARTHE, *remontant vers la bibliothèque.*

Ah ! moi, je ne peux pas voir ça ! (*Se baissant et ramassant quelque chose.*) Ah ! tante ! Élisée ! venez donc !... Les billets de banque dans les livres ! (*Tous remontent vers elle.*)

ÉLODIE, *retirant un billet de banque du livre qu'a trouvé Marthe.*

Ah ! le gueux !.., Il nous volait !

MARTHE.

C'est pour ça qu'il laissait la bibliothèque à sa nièce, parbleu !

THÉODULE.

Mon argent!... Faut voir! (*Il prend d'autres livres et les feuillette.*)

ÉLISÉE.

Allons! allons! les enfants, du calme!... Soyons honnêtes!... Ah! voilà le portefeuille!

ÉLODIE.

Il en manque?

ÉLISÉE, *après avoir compté.*

Il manque vingt billets!... Cherche-les, Théodule. Toi, Marthe, tu avais les clefs du coffre-fort? Bien. Vois tout de même. Tu sais le mot?

MARTHE.

Parbleu!

ÉLISÉE.

Ne précipitons rien. Il faut avertir la famille, d'abord.

TOUS, *s'interrompant.*

Hein?

ÉLISÉE.

Sa nièce, oui. (*A Marthe, qui a ouvert le coffre-fort et examine l'intérieur :*) Rien n'est dérangé?

MARTHE.

Rien. (*Elle referme.*)

ÉLISÉE.

Alors, qu'est-ce que ça vous fait? Ayons le droit pour nous... et de la correction! Avec cela... (*Marthe va à la bibliothèque et examine les livres, que Théodule lui passe au fur et à mesure. Élodie allume deux flambeaux et place du buis bénit sur la table.*

THÉODULE.

C'est tout de même des reliures d'amateur!

ÉLISÉE, *au milieu.*

Du sang-froid! du sang-froid! (*On sonne. Branle-bas. Tous prennent une posture congrue. Théodule ferme la bibliothèque. Élodie va ouvrir.*)

SCÈNE XI

LES MÊMES, MADAME CLÉMENT *accourant,* *puis* SUZANNE.

MADAME CLÉMENT.

Ah! vous êtes là? J'ai rencontré madame Suzanne: alors

je suis revenue sur mes pas... pour vous prévenir. Elle monte.

ÉLISÉE, *très digne.*

Eh bien! tant mieux! (*Suzanne entre. Élodie reparaît derrière elle.*) Vous avez été avertie la première, madame. Il est malheureusement trop tard... (*Suzanne passe devant lui sans répondre, s'agenouille devant le lit, embrasse la main du cadavre et prie. Théodule et Marthe devant la bibliothèque.*)

ÉLODIE, *à demi-voix, derrière sa mère.*

Nous coucherons sur le champ de bataille, maman!

LA MÈRE FIQUET, *durement.*

On a beau coucher dessus, ça ne le rend pas plus gai! (*Suzanne se lève.*)

ÉLISÉE.

Vous voudrez bien, madame, faire apposer les scellés, afin qu'on ne nous accuse pas plus tard...

SUZANNE, *très digne, après avoir embrassé la scène d'un coup d'œil.*

Inutile! (*Elle sort, suivie par la concierge.*)

SCÈNE XII

MARTHE, THÉODULE, ÉLISÉE, *lequel a reconduit Suzanne jusqu'à la porte et l'a fermée derrière elle. Tous trois en échelons, à partir de la bibliothèque;* ÉLODIE *tapotant un oreiller au fond du fauteuil occupé par Lormeau au commencement de l'acte, et se disposant à passer la nuit;* LA MÈRE FIQUET *dans sa chaise roulante.*

ÉLISÉE.

Maintenant, travaillons! (*Marthe rouvre la bibliothèque et passe des livres à Théodule et à Élisée, qui les feuillettent.*)

ÉLODIE, *dans le fauteuil de Lormeau. A sa mère.*

A quoi penses-tu, maman?

LA MÈRE FIQUET.

Il me regardait, il ne me regardera plus!... Je pense qu'il n'y a peut-être que moi qui le regretterai!

FIN

Achevé d'imprimer

le neuf avril mil huit cent quatre-vingt-neuf

PAR

ALPHONSE LEMERRE

(Aug. Springer, *conducteur*)

25, RUE DES GRANDS-AUGUSTINS, 25

A PARIS

ŒUVRES COMPLÈTES

DE

FRANÇOIS COPPÉE

Édition in-18 jésus, papier vélin.

POÉSIE

Premières poésies *(Le Reliquaire. — Poèmes divers. — Intimités)*. *1 v.*	3 »
Poèmes modernes. *1 vol*	3 »
La Bénédiction, *poème. 1 vol.*	» 50
La Grève des Forgerons, *poème. 1 v.*	» 75
Lettre d'un Mobile breton. *1 vol.*	» 50
Plus de sang! *(Avril 1871)* *1 vol.*	» 50
Les Humbles. *1 vol.*	3 »
Le Cahier rouge. *1 vol*	3 »
Olivier, *poème. 1 vol.*	2 »
Le Naufragé, *poème. 1 vol.*	» 50
Les Récits et les Élégies *(Récits épiques. — L'Exilée. — Les Mois. — Jeunes filles.)* *1 vol.*	3 »
La Veillée, *poème. 1 vol.*	» 50
La Marchande de journaux, *conte parisien*	» 75
La Bataille d'Hernani, *poésie. 1 vol.*	» 50
La Maison de Molière. *1 vol.*	» 50
L'Épave, *poème*	» 50
L'Enfant de la Balle. *1 vol.*	» 75
Contes en vers et Poésies diverses. *1 vol.*	3 »
Pour le Drapeau. *1 vol.*	» 50
Aux Bourgeois d'Amsterdam. *1 vol.*	» 50
Les Boucles d'Oreilles. *1 vol.*	» 75
Le Petit Épicier. *1 vol.*	» 50
La Nourrice. *1 vol.*	» 75
En province. *1 vol.*	» 75
Le Liseron. *1 vol.*	» 75
La tête de la Sultane. *1 vol.*	» 75
Résurrection. *1 vol.*	» 50
L'Amiral Courbet. *1 vol.*	» 50
Le Banc. *1 vol.*	» 50
Le Défilé. *1 vol.*	» 50
Le Roman de Jeanne. *1 vol.*	» 75
Arrière-Saison. *1 vol.*	2 »
Une mauvaise Soirée. *1 vol.*	» 75
A une pièce d'or. *1 vol.*	» 50
A l'Empereur Frédéric III. *1 vol.*	» 50
A Brizeux. *1 vol.*	» 50

THÉATRE

Le Passant, *comédie en un acte, en vers. 1 vol.*	1 »
Deux douleurs, *drame en un acte, en vers. 1 vol.*	1 50
Fais ce que dois, *épisode dramatique en un acte, en vers. 1 vol.*	1 »
L'Abandonnée, *drame en deux actes, en vers. 1 vol.*	2 »
Les Bijoux de la délivrance, *scène en vers. 1 vol.*	» 75
Le Rendez-vous, *comédie en un acte, en vers. 1 vol.*	1 »
Prologue d'ouverture *pour les matinées de la Gaîté. 1 vol.*	» 50
Le Luthier de Crémone, *comédie en un acte, en vers. 1 vol.*	1 50
La Guerre de Cent Ans, *drame en cinq actes, avec prologue et épilogue, en vers, en collaboration avec A. d'Artois. 1 vol.*	3 »
Le Trésor, *comédie en un acte, en vers. 1 vol.*	1 50
La Korrigane, *ballet fantastique en deux actes, en collaboration avec L. Mérante. 1 vol.*	1 »
Madame de Maintenon, *drame en cinq actes, en vers. 1 vol.*	3 »
Severo Torelli, *drame en cinq actes, en vers. 1 vol.*	2 50
Les Jacobites, *drame en cinq actes, en vers. 1 vol.*	2 50

PROSE

Une Idylle pendant le siège. *1 vol.*	3 »
Contes en prose. *1 vol.*	3 50
Vingt contes nouveaux. *1 vol.*	3 50
Contes Rapides. *1 vol.*	3 50

Paris. — Imprimerie A. Lemerre, 25, rue des Grands-Augustins.

www.ingramcontent.com/pod-product-compliance
Lightning Source LLC
LaVergne TN
LVHW020025170826
845678LV00001B/121
9782329772394